클레오파트라
이집트의 보석으로 피어나다

클레오파트라 이집트의 보석으로 피어나다

2009년 4월 17일 초판 1쇄 발행
2011년 9월 20일 초판 4쇄 발행

글 김은희 / 그림 유미선
펴낸이 이철규 / 펴낸곳 북스
편집 김세영 / 편집디자인 박근영 / 마케팅 김종열

편집부 02-336-7634 / 영업부 02-336-7613 / FAX 02-336-7614
전자우편 vooxs2004@naver.com / 등록번호 제 313-2004-00245호 / 등록일자 2004년 10월 18일

주소 서울특별시 광진구 자양4동 52-197번지 2층
값 9,800원
ISBN 978-89-91433-85-4 74800
    978-89-91433-70-0 (세트)

잘못된 서적은 구입하신 서점에서 교환하여 드립니다.
이 책은 저작권법에 의해 보호를 받는 저작물이므로 불법 복제와
스캔 등 무단 전재 및 유포·공유를 금합니다.

클레오파트라
이집트의 보석으로 피어나다

글 김은희 · 그림 유미선

머리말

클레오파트라의 친구가
되어 주세요!

    이 책은 북스 여왕시리즈 중 세 번째 이야기입니다. 이번 이야기 역시 전작들과 마찬가지로 역사적 사실이나 실존 인물의 이야기에 저만의 상상력을 녹여낸 팩션입니다.
    이제부터 만나게 될 새로운 친구는 바로 고대 이집트에서 성장하며 아름다움의 대명사로 불린 여왕, 클레오파트라입니다.
    클레오파트라 하면 떠오르는 이미지가 있나요? 짧은 단발머리에 눈 꼬리를 길게 그린 짙은 눈화장, 코브라 형태로 온 팔뚝을 휘감는 황금 팔찌 등 대개가 화려하고 강렬한 것들이지요.
    또한 그녀의 이름 자체는 나쁜 여자, 혹은 치명적일 정도로 유혹적인 여자라는 뜻으로도 쓰이구요.
    하지만 조금만 마음을 열고 그녀에게 한 발짝 다가선다면 지금까지의 편견과는 다른 클레오파트라를 발견할 수 있습니다.
    작은 일에도 뛸 듯이 기뻐하고, 속상할 때는 어린 아이처럼 엉

엉 울기도 하지만 작고 여린 어깨에 짊어진 여왕이라는 무거운 짐을 위해 스스로의 행복을 희생할 줄 아는 진정한 여왕의 모습을 말이지요. 우리의 친구 아인처럼요.

 이 글을 쓰는 동안 푸른 물결이 넘실대는 지중해와 고대의 신비로움이 가득한 알렉산드리아, 황량한 사막에 우뚝 서 있는 거대한 신전 등의 모습이 손에 잡힐 듯 그려져서 가슴이 두근거렸습니다.

 여러분도 이 책을 통해 지금은 사라진 위대한 도시, 알렉산드리아의 매력에 푹 빠져 보시기를 바랍니다.

 그럼 다음 번 이야기에서 또 다시 만날 수 있기를 고대하며 아인을 따라 모험을 떠나 볼까요?

늘 꿈꾸는 동화작가 김은희

차 례

머리말_ 클레오파트라의 친구가 되어 주세요! 6

1장_ 그리운 삼촌과의 재회 11

2장_ 신비한 왕녀 클레오파트라 29

3장_ 신전을 찾아 덴데라로! 57

4장_ 로마의 장군 안토니우스 마르쿠스 77

5장_ 사막으로 사라진 아인 111

6장_ 혼란의 알렉산드리아 129

7장_ 헝클어진 우정과 어긋나기만 하는 사랑 149

8장_ 혼란 끝에 얻은 소중한 왕관 171

9장_ 그리운 집으로 201

부록_ 이집트의 여왕 클레오파트라 이야기 213

1장 그리운 삼촌과의 재회

"하아암~!"

아인은 수학 선생님의 지루한 문제풀이 설명을 들으며 크게 하품을 했다. 순간 문제풀이를 하시던 선생님과 친구들의 시선이 아인에게 날아들었다. 얼굴이 새빨개진 아인은 잽싸게 책상 위의 책 뒤로 고개를 푹 숙였다.

'으으~ 창피해. 이게 다 베스와 테리 때문이야!'

베스와 테리는 가끔 아인의 방을 찾아오는 비밀 친구들이다.

베스는 분열된 영국을 유럽의 강대국으로 성장시킨 엘리자베스 1세였고, 테리는 주변국들의 끊임없는 침략을 훌륭히 막아내며 합스부르크 왕가를 꿋꿋이 지켜 낸 오스트리아의 마리아 테레지아였다.

그 둘은 각기 다른 시대, 다른 나라의 여왕이었지만 공통점도 많았다. 둘 다 힘든 소녀시절을 겪었는데, 바로 그런 힘든 시기의 외로움이 아인을 그녀들 곁으로 불렀다. 아인 또한 알 수 없는 힘의 도움으로 그 시대로 시간여행을 떠나 베스와 테리의 소녀시절의 아픔을 함께 겪으며 그녀들이 강하고 아름다운 여왕이 되는 과정을 경험했다.

물론 이런 사실은 다른 사람들은 절대 모르는 베스와 테리, 그리고 아인만의 비밀이었다.

"꼰대들 정말 끈질기다, 끈질겨! 도대체 왜 결혼 따위는 필요 없다는 내 말을 믿지 않는 거야?"

"으! 스페인이 또 종교문제를 걸고 넘어졌어! 도대체 신교면 어떻고 구교면 어떻다는 거야!"

그 후로도 베스는 의회나 귀족과의 다툼이 있거나 강대국 스페인과의 마찰이 있을 때마다 까다로운 중신들을 피해 아인을 찾아왔다.

"아, 짜증나. 프로이센의 프리드리히 그 녀석, 요즘은 툭하면 아무 나라에나 막 쳐들어간다니까! 그 녀석 변태가 틀림없어!"

테리 역시 숙적 프로이센의 황제 프리드리히가 공공연한 트집을 잡아 전쟁을 걸어올 때마다 아인의 방으로 찾아와 한바탕 험담을 늘어놓고는 기분이 풀리면 돌아가곤 했다. 아인 역시 친구들의 갑작스런 방문이 즐거웠다.

하지만 친구들의 방문이 항상 즐겁게 끝나는 것만은 아니었다.

"어라? 넌 영국인가 하는 촌구석 동네 여왕?"

"초, 촌구석? 이게 대영제국을 뭐로 보고? 너희 오스트리아야말로 다른 나라들 사이에 콕 박혀서 있는지 없는지도 모르는 존재감 없는 나라 아니야?"

"이…… 결혼도 못한 노처녀 여왕주제에!"

"노, 노처녀! 너 말이면 다 같은 말인 줄 알아? 그리고 난 못한 게 아니라 안 한 거야!"

"얘, 얘들아! 그만 좀 싸워. 너희들은 어떻게 만나기만 하면 싸우니?"

"넌 좀 가만히 있어!"

"아인이 넌 빠져!"

우연이라도 베스와 테리가 동시에 찾아오는 날이면 새벽까지 싸움을 말리느라 바쁜 아인이었다.

"저기 얘들아…… 지금 새벽 2시거든?"

어젯밤에도 영국이 더 크냐, 아니면 오스트리아가 더 크냐 하는 별

의미도 없는 싸움을 하다가 결국 해가 뜨기 직전에서야 돌아간 베스와 테리 때문에 아인은 잠 한숨 못 자고 학교에 와야만 했다.

하지만 아무리 눈을 부비고 허벅지를 꼬집어도 쏟아져 나오는 하품은 어쩔 수가 없었다.

"엄마, 저 왔어요."

아인은 집으로 들어오며 엄마에게 큰 소리로 인사를 했다. 하지만 집 안은 아무도 없는 듯 조용했다.

"아참, 오늘 엄마는 모임 있다고 하셨지."

학교 끝나고 학원까지 다녀왔더니 저녁 7시가 훨씬 넘은 시간이었다. 아직 논술학원과 과학 과외가 남은 자영에 비할 바는 아니었지만, 아인은 지난밤을 두 여왕 때문에 꼴딱 새웠기 때문에 다른 날보다 훨씬 피곤했다.

"하암! 얼른 씻고 오늘은 일찍 자야겠다."

아인이 욕실 문고리를 잡으려고 손을 내뻗은 순간, 욕실 문이 열리며 금방 샤워를 마친 듯 젖은 머리를 흔들며 누군가가 걸어 나왔다.

"아인아!"

"사, 삼촌? 영국에 있어야 할 삼촌이 여기 어떻게……"

아인은 활짝 웃는 삼촌을 보며 깜짝 놀라 눈을 크게 떴다.

"출장?"

"응. 국립 중앙박물관에서 영국의 대영박물관을 초청해 여는 〈이집트-파라오 전시회〉가 있거든. 삼촌과 같이 연구하는 교수님 한 분이 그 전시회의 위원으로 선발되었는데 그분 추천으로 나도 함께 오게 된 거야."

"그렇구나. 그럼 전시회가 끝나면 바로 가 버리겠네?"

아인은 오랜만에 만난 삼촌이 반가웠지만 금방 떠난다니 섭섭하기도 했다.

삼촌은 그런 아인을 보며 빙긋 웃었다.

"우리 아인이가 많이 아쉽나 보다?"

"그럼 당연하지. 난 또 삼촌이 나랑 놀아 주러 온 줄 알았단 말이야. 그러지 말고 며칠만 시간 내서 엄마아빠랑 다 함께 놀이동산이라도 가자, 응?"

아인은 안 될 걸 알면서도 삼촌을 졸랐다. 그만큼 오랜만에 만난 삼촌과 함께 있고 싶었다.

"그건 좀 곤란한데……. 그렇다고 이대로 모른 척하면 우리 아인이가 단단히 삐칠 텐데 이를 어쩐다?"

삼촌은 약간 곤란한 표정을 지었다가 손가락을 딱 튕기며 말했다.

"아하! 그럼 네가 삼촌 일하는 데 놀러 오는 건 어떨까? 아직 개관날짜는 좀 남았지만 몇 개 전시관은 대충 정리가 끝나서 구경할 게 많을 거야."

"정말? 정말 구경하러 가도 돼?"

삼촌의 제안에 아인의 눈이 별처럼 반짝였다.

"하아암!"

다음 날, 학원 수업 시간에 아인은 교재를 꺼내며 어제와 마찬가지로 크게 하품을 했다. 그러자 앞자리에 앉아 있던 연지와 자영이 홱 뒤를 돌아보았다.

"너희들, 왜 그런 눈으로 날 보는데?"

아인은 눈을 가늘게 뜨고 자신을 수상한 듯 바라보는 친구들을 향해 물었다.

"몰라서 묻니? 너 요즘 무지 수상해."

"그래. 너 혹시 우리 몰래 인터넷과외 같은 거 보면서 혼자서만 밤새 공부하는 거 아니야?"

아인은 친구들의 터무니없는 의심을 받자 황당한 얼굴로 되물었다.

"인터넷과외? 야, 학교에 학원까지 공부는 지금 하는 거로도 충분히 지겨워."

"그건 그렇지. 그럼 요즘 왜 그렇게 피곤한 거야?

"사실은 어제 영국에서 삼촌이 오셨거든. 밤늦게까지 밀린 이야기를 했더니 잠이 부족해. 아참! 너희들 내일 뭐하니?"

"내일? 내일이면 학교도 쉬는 토요일이고 학원 수업도 없으니까 아마 집에 있지 않을까 싶은데?"

"나도 내일은 한가해. 그런데 왜?"

"내일 삼촌이 일하는 중앙박물관에 구경 갈 거거든. 삼촌이 친구들하고 함께 와도 된다고 해서 너희랑 같이 가려고……."

"당연히 가야지! 다른 것도 아니고 이집트-파라오 전시회잖아!"

"이아인! 알랍! 완전 사랑해!"

아인의 말이 끝나기도 전에 자영과 연지가 아인을 덥석 껴안으며 학원이 떠나가라 괴성을 질렀다. 그 덕분에 학원에 있던 아이들의 시선이 일제히 아인과 친구들에게 꽂혔다.

"저, 저기 얘들아……!!"

"삼촌!"

아인은 박물관 정문 앞에 서 있는 삼촌을 부르며 손을 흔들었다. 그러자 삼촌 역시 아인을 발견했는지 마주 손을 흔들어 보였다.

삼촌은 친구들이 오니 신경 좀 쓰라는 아인의 성화에 못 이겨 옷차림에 신경을 쓴 탓인지 평소보다 훨씬 멋져 보였다.

"저 사람이 그 유명한 삼촌이야? 어쩜! 완전 멋져!"

"아인이 넌 진짜 좋겠다. 우리 삼촌은 만날 밤새 게임 하면서 호시탐탐 내 돼지저금통만 노리고 있는데. 며칠만 바꾸면 안 될까?"

친구들이 삼촌을 칭찬하자 아인은 절로 어깨가 으쓱했다.

"안녕하세요!"

"아인이 친구들이구나. 고대 이집트로 여행을 떠날 준비는 다들 됐니?"

"네!"

아인과 친구들은 삼촌을 따라 박물관으로 한 발 들어섰다.

박물관 안에 처음 들어서자, 머리부터 허리까지는 사람의 모습이고 그 아래는 사자 형상의 거대한 스핑크스가 아인 일행을 맞아 주었다.

스핑크스뿐만 아니라 한창 설치가 진행 중인 석조물과 처음 보는 온

갖 신기한 모양의 조각품들, 그리고 전시를 위해 한쪽에 쌓아둔 황금빛이 감도는 신비한 소품들까지 어느 하나 신비롭지 않은 것이 없었다.

"자, 어떤 걸 제일 먼저 구경하고 싶니?"

삼촌은 박물관 입구에서 여러 갈래로 갈린 전시실을 가리키며 물었다.

그러자 호러퀸 자영이 손을 번쩍 들고 큰 소리로 외쳤다.

"투탕카멘의 마스크요!"

아인은 그럴 줄 알았다는 얼굴로 자영을 돌아보았다.

두 눈을 반짝이며 양 볼을 붉게 물들인 자영의 얼굴은 사랑에 빠진 소녀 바로 그 자체였다. 반면 평소 철저하기로 유명한 연지는 어느새 수첩과 펜까지 꺼내 들고 삼촌의 말을 받아 적을 준비를 하고 있었다.

그 때 장난기가 잔뜩 어린 수상한 목소리가 들려왔다.

"큭큭! 재밌는 애들이네."

아인은 화들짝 놀라 사방을 둘러보았다. 하지만 주변에는 삼촌과 친구들, 그리고 분주히 오가는 박물관 직원들뿐 아인이 들었던 목소리의 주인공은 보이지 않았다.

'잘못 들었나?'

아인은 고개를 갸웃거리며 삼촌 뒤를 따라 붉은 천이 드리워진 전시실 안으로 들어섰다.

"여긴 고대 파라오들의 유물이 전시된 곳이란다. 그중에서도 투탕카멘의 유물이 가장 많지. 투탕카멘의 무덤은 부장품이 많기로 유명하단다."

"우와!"

아인과 친구들은 삼촌을 따라 전시실 안으로 들어서며 눈이 휘둥그

레졌다. 은은한 조명을 밝힌 전시실 내부는 바닥부터 벽, 그리고 높은 천장까지 온통 이집트의 상형문자와 고대 벽화가 빈틈없이 그려져 있었다. 곳곳에 설치된 투명한 유리관에 담긴 섬세한 조각상들은 3천년의 시간을 훌쩍 뛰어넘은 듯 신비한 황금빛을 발하고 있었다.

전시실을 둘러보던 아인과 친구들은 다른 세계에 온 듯한 착각마저 들었다.

-- 호호호! 하하하하! 쿡쿡! --

그 때였다. 전시관 사방에서 낮게 키득거리는 웃음소리가 들려왔다.

소스라치게 놀란 아인이 재빨리 주변을 둘러보았지만 아까와 마찬가지로 웃음소리의 주인공은 그림자도 보이지 않았다.

'이상하다? 분명 누군가 있는 것 같은데?'

아인은 고개를 갸웃거렸다. 하지만 아무리 둘러봐도 일행 외에는 아무도 없었다.

'박물관 직원이겠지, 뭐.'

아인은 대수롭지 않게 생각하고는 삼촌의 뒤를 따라갔다.

전시실 맨 안쪽에는 가장 중요한 유물인 듯 사방을 붉은 띠로 막아놓은, 황금색 얼굴 모양의 유물이 전시된 유리관이 놓여있었다. 아인과 친구들은 누가 먼저랄 것도 없이 일제히 유리관 앞으로 다가섰다.

"이게 그 유명한 저주의 온상이자 각종 공포영화의 살아 있는 전설인 투탕카멘의 황금마스크 맞죠?"

자영이 꿈꾸는 듯한 얼굴로 물었다.

"어이구, 예쁜 것! 내가 널 진짜로 보게 되다니. 이게 꿈이냐, 생시냐."

자영이 갑자기 붉은 띠를 젖히고 유리관을 향해 다가가려고 했다. 그런 자영의 팔을 황급히 붙잡으며 이미 사색으로 변한 삼촌을 향해 아인이 어색하게 웃었다.

"아하하! 미안해, 삼촌. 얘가 저주니 귀신이니 뭐 이런 이야기만 나오면 이성을 잃어. 오죽하면 별명이 호러퀸이겠어."

자영은 여전히 황금가면의 마력에 푹 빠져 있었다.

"투탕카멘이여! 나에게 오렴. 나도 황금가면을 쓰고 로맨틱한 저주에 푹 빠져보자꾸나, 응?"

"자영아! 정신 좀 차려! 너 땜에 창피해 죽겠어!"

아인과 연지는 버둥거리는 자영의 허리를 뒤에서 껴안고 황급히 전시실을 빠져나왔다.

"그, 그럼 다음은 람세스 전시실로 가 볼까?"

삼촌이 다음으로 안내해 준 람세스의 전시실 역시 굉장했다. 거대한 고대 신의 조각상과 신전을 지탱하던 웅장하고 아름다운 돌기둥, 3천 년이라는 세월이 고스란히 느껴지는 고대의 유산들. 아인과 친구들은 넋을 잃고 유물들을 관람했다. 그 뒤로도 삼촌의 안내를 받으며 두어 군데의 전시실을 더 구경했다.

"여기는 어떤 전시실이에요?"

아인은 새로운 전시실로 들어서며 삼촌에게 의아한 듯이 물었다. 이 전시실은 지금까지 구경한 전시실들과는 달리 이집트라기보다는 고대 그리스 같은 분위기를 물씬 풍기고 있었던 것이다. 연지와 자영 역시 호기심 가득한 눈으로 전시실을 둘러보고 있었다.

"예쁜 물건이 많지? 여기 전시된 유물들은 클레오파트라가 직접 사용했던 물건들이란다."

삼촌은 빙긋 웃으며 대답했다.

"클레오파트라? 이집트를 망하게 만든 개념 없고 도도한 여왕 말이죠?"

무언가 수첩에 잔뜩 적던 연지가 갑자기 얼굴을 살짝 찌푸리며 물었다.

"응? 그게 무슨 소리야?"

아인은 연지를 돌아보며 물었다.

"책에서 읽었어. 로마의 안토니우스를 꼬여서 애인으로 삼은 다음, 욕심을 부리다가 결국 이집트를 로마의 속국으로 만들어 버린 여왕이라고. 자기 욕심 때문에 나라까지 망하게 만들다니, 왕짜증이야."

연지는 불쾌하다는 표정이었다.

아인은 왠지 기분이 나빠졌다. 이미 여왕 친구가 둘이나 있는 그녀로선 같은 여왕인 클레오파트라가 매도당하자 자신이 욕을 먹은 것처럼 얼굴이 화끈거렸다

"정말이에요? 클레오파트라가 정말 그렇게 나쁜 여자였나요?"

아인이 삼촌을 향해 정색을 하고 물었다.

"으음, 물론 그렇게 말하는 학자들이 적지 않지. 하지만 반대로 그녀를 정치적 수완이 좋은 이집트 최고의 여왕이라며 높이 평가하는 학자들도 있단다. 이렇게 평가가 엇갈린다는 건 클레오파트라가 그저 예쁘기만 한 여왕은 결코 아니었단 이야기지. 물론 연지 말대로 클레오파트라 대에서 이집트의 왕조가 끝나 버린 건 맞지만 2천 년 전 이집트에는 지금의 우리가 알지 못하는 상황이 있지 않았을까?"

삼촌의 설명에 고개를 끄덕이면서도 아인은 께름칙한 표정이었다.

"쳇! 잘난 척하기는!"

문제의 목소리가 다시 들려온 것은 바로 그 때였다. 앞서 두 번의 목소리에는 장난기가 배어 있었다면 지금의 목소리에는 짜증기가 가득했다.

아인은 설마 하는 생각으로 고개를 홱 돌렸다. 하지만 그 곳에는 눈을 반짝이며 자신을 빤히 바라보고 있는 자영이 있을 뿐이었다. 자영은 아인과 눈이 마주치자 두 눈을 스산하게 빛내며 물었다.

"아인이 너…… 또 뭔가 있는 거지? 그렇지?"

"아, 아니야."

"솔직하게 말해. 내가 볼 때, 넌 또 뭔가를 들었거나 본 거야. 장소가 장소다 보니까 더 강력한 뭔가가 느껴진 거지. 너와 절친한 친구인 내가 볼 때, 아인이 넌 영매의 피가 흐르고 있어. 그것도 초~강력한 영매의 피가. 어때? 내 말이 맞지?"

자영은 아인의 어깨에 손을 두른 채 앞서 걷는 삼촌에게 들리지 않도록 작게 속삭였다.

"영매는 무슨. 그런 거 아니거든? 부탁이니까 제발 정신 좀 차려 줄래?"

"정말 아니야? 쳇, 좋다 말았네."

자영은 아인의 대답에 진짜로 실망한 듯 툴툴거렸다.

아인은 자영의 뒷모습을 보며 가슴을 쓸어내렸다. 자신이 베스나 테리를 만날 때의 이상한 경험을 삼촌이 알게 되면 걱정할 게 분명한 일, 아인은 오랜만에 만난 삼촌에게 걱정을 끼치기 싫었다. 다행히 아인의 마음을 아는지 이상한 목소리는 관람을 끝낼 때까지 들리지 않았다.

"구경 잘 했니?"
드디어 모든 전시실을 둘러본 뒤 입구로 돌아온 아인과 친구들을 향해 삼촌이 물었다.
"네! 잘 봤어요."
"근데 하도 걸었더니 다리 아파요."
"맞아요. 더는 한 발자국도 못 걷겠어요."
시간은 벌써 오후 5시, 아침부터 쉬지 않고 걷기만 한 아인과 연지, 자영은 일제히 입을 모아 소리쳤다.
삼촌은 손목시계를 들여다보며 말했다.
"저런, 내가 이것저것 보여 줄 욕심에 시간이 이렇게 흐른 지도 몰랐구나. 대신 너희들이 가지고 싶은 기념품을 하나씩 사 줄게."
"정말요?"
"야호! 신난다!"
아인과 친구들은 삼촌의 말에 언제 피곤했냐는 듯 기념품 가게로 달려갔다.
"난 이거요!"
자영은 가게로 들어가자마자 단번에 섬뜩하게 생긴 미라 모형을 집어 들었다.
"전 이걸로 할게요."
연지는 평소 성격대로 꼼꼼하게 이것저것 살펴본 후 상형문자가 예

쁘게 새겨진 피라미드 모형을 골랐다.

아인 역시 예쁜 기념품 앞에 서서 뭘 고를까 고민하고 있었다.

"이쪽이야, 이쪽."

그 때였다. 등 뒤에서 누군가의 간절한 목소리가 들리더니 급기야 아인의 팔을 끌어당기는 듯한 기분이 들었다. 천천히 뒤를 돌아본 아인의 눈에 유리 진열장 안에서 가지런히 진열된 다양한 기념품들이 보였다. 아인은 무언가에 홀린 듯 유리 진열장을 향해 손을 내뻗었다.

"아니, 그거 말고 그 아래 칸 맨 바닥에 있는 거 말이야. 그 옆에! 뒤에 놓인 거! 그래 그거!"

아인은 목소리가 시키는 대로 진열된 기념품 하나를 꺼내들었다.

"아인이는 그걸 고를 거니?"

계산을 하려던 삼촌이 묻자 그제야 퍼뜩 정신이 든 아인은 황급히 자신의 손을 내려다보았다.

손에는 활짝 피어난 수련 무늬의 오색 빛이 감도는 예쁜 자개를 붙여 장식한 분첩 하나가 들려져 있었다. 아인은 엉겁결에 고개를 끄덕였다.

"어? 응. 난 이걸로 할게."

"예쁜 걸로 잘 골랐구나. 기념품 같지 않게 고급스러운데?"

삼촌은 아인이 고른 분첩을 바라보며 대견하다는 듯 미소를 지었다. 친구들도 역시 예쁘다며 난리를 쳤지만 정작 아인은 어리둥절했다.

'내가 아니라 꼭 이 분첩이 날 고른 기분이네.'

"이건 어디에 놓을까요?"

"응? 분첩? 그게 어디더라?"

잠시 후, 한창 마무리 작업으로 바쁜 박물관 전시팀의 소품 담당자는 아르바이트 직원이 내미는 작은 분첩을 보며 서류를 뒤적였다.

"분첩, 분첩…… 아, 여기 있다. 클레오파트라 전시실이네. 일상생활 용품을 전시한 코너에 함께 전시하면 돼. 보기엔 멀쩡해 보여도 3천 년 도 더 된 귀한 유물이니까 부서지지 않도록 조심하라고."

"네."

소품 담당자는 분첩을 조심스레 들고 가는 직원의 뒷모습을 보며 고개를 갸웃거렸다.

'흐음~ 이상하네. 저게 원래 저렇게 조악했던가? 꼭 기념품점에서 파는 싸구려 같네.'

소품 담당자는 고개를 갸웃거리면서도 서류를 넘겨 '전시물 #1714- 수련자개분첩'이라고 써진 항목에 전시 완료를 의미하는 V표를 그려 넣었다.

그날 밤, 아인은 베스의 거울과 테리의 빗이 놓인 창가에 분첩을 조심스레 놓아 보았다.

세 물건은 서로 다른 모양이면서도 은은히 쏟아져 들어오는 달빛을 받으며 절묘한 조화를 이루고 있었다. 아인은 조금 후에 찾아올 베스 나 테리에게 삼촌에게 받은 새 선물을 자랑하려는 생각에 혼자 빙긋 미소 지었다.

하지만 밤 12시가 가까워지도록 베스와 테리 둘 중 어느 누구도 나타

날 기미가 보이지 않았다.

"어우~ 왜 아무도 안 오지? 둘 다 바쁜가?"

친구들을 기다리다 지친 아인은 창가에서 분첩을 집어 들었다.

"와! 예쁘다. 요즘 기념품 진짜 잘 만든다. 고급스럽고 섬세한 게 진짜 클레오파트라가 쓰던 물건 같아. 어디 한 번 열어 볼까?"

딸칵!

경쾌한 소리를 내며 열린 분첩 안에는 납작한 붓과 반짝이는 하얀 가루가 들어 있었다. 아인은 스탠드를 켜고 거울 앞에 앉아 붓에 흰 가루를 묻혀 뺨에 슬쩍 칠해 보았다. 꼭 엄마 화장품으로 장난치는 것 같았다.

"후후! 자기 전에 세수하면 되지, 뭐."

아인은 양쪽 뺨에 이어 이마까지 하얀 가루를 펑펑 칠하며 중얼거렸다. 하지만 너무 많이 칠한 탓인지 사방에 날린 가루 때문에 코끝이 간질간질해져 크게 재채기를 했다.

"에이취!"

그 바람에 분첩 안의 가루가 한꺼번에 아인의 얼굴로 날아들었다.

"윽!"

눈앞이 새하얗게 변하면서 아찔한 현기증이 일자 아인은 두 눈을 질끈 감았다.

2장
신비한 왕녀 클레오파트라

"야! 도착했으니까 눈 떠."

두 눈을 질끈 감은 아인의 귓가에 어린 소녀의 목소리가 들렸다. 그 소리에 아인은 슬그머니 눈을 떴다.

"......?"

분명 스탠드를 켜 놓았었는데 방 안은 칠흑처럼 어두웠다. 목소리의 주인공 역시 어둠에 가려 보이지 않았다.

바로 그 때, 구름이 걷히며 환한 달빛이 방 안으로 쏟아져 들어왔다.

"꺄아악!"

"꺄악!"

그 순간, 소녀가 놀라 비명을 질렀다. 엉겁결에 함께 비명을 지른 아인은 무심결에 고개를 돌려 벽에 걸린 커다란 거울을 바라보았다. 거울 속에서 밀가루를 뒤집어쓴 듯 새하얀 귀신이 자신을 노려보고 있었다.

"꺄아아아악!"

조금 전과는 비교도 안 될 정도로 커다란 비명이 방 안에 울려 퍼졌다.

"깜짝 놀랐잖아."

"나야말로 깜짝 놀랐단 말이야. 갑자기 나타나서 비명을 지르면 어떻게 해?"

아인은 소녀가 건네준 수건으로 얼굴을 박박 닦으며 투덜댔다.

한참을 꼼꼼히 닦아 낸 아인은 그제야 방 안을 둘러보았다. 그리스풍의 아름다운 가구들로 꾸며진 방은 아인의 방보다 두세 배는 크고 넓었다. 게다가 방 한가운데 떡하니 자리 잡고 있는 커다란 욕조에는 장

미 꽃잎까지 둥둥 떠다니는 게 아닌가? 아무리 살펴봐도 자신의 방이 아니었다.

하지만 아인은 금세 침착해졌다. 이런 상황이 황당하지 않게 느껴진 것은 불과 얼마 전에도 이런 특별한 경험을 한 덕분이다. 바로 엘리자베스 1세 시대와 마리아 테레지아 시대를 여행한 경험 말이다.

"여긴 어디니?"

아인의 질문에 커다란 갈색 눈동자와 오뚝한 콧날, 얼굴을 감싸듯 짧게 자른 단발머리의 소녀가 빙긋 웃으며 말했다.

"여긴 이집트야. 내 이름은 클레오파트라 필로파토르 타리아. 그냥 클레오라고 불러."

아인은 소녀의 이름을 중얼거리다가 깜짝 놀랐다.

"크, 클레오파트라? 그 유명한?"

아인의 갑작스런 외침에 자신을 클레오파트라라고 소개한 소녀는 고개를 갸웃거렸다.

"유명하다고? 내가? 왜?"

아인은 소녀의 질문에 갑자기 말문이 막혔다. 삼촌과 연지의 대화가 떠올랐기 때문이었다.

'으음! 뭐라고 대답하지? 연지에게 들은 대로 이야기하면 틀림없이 화를 낼 텐데.'

아인은 속으로 식은땀을 흘렸다.

"그, 그건, 그러니까…… 코! 코 말이야. 누가 그랬거든. 네 코가 조금만 낮았더라면 역사가 바뀌었을 거라나 뭐라나."

클레오는 아인의 말에 자신의 코를 만져 보며 고개를 갸웃거렸다.

"내 코는 그다지 높지도 않은데 왜?"

"아하하하! 그, 그러게. 왜 그랬을까?"

아인은 진지한 클레오의 질문을 슬쩍 넘기며 고개를 돌렸다.

때마침 불어온 바람에 흔들리는 커튼 사이로 아름답고 웅장한 도시가 새벽의 여명을 받으며 서서히 모습을 드러냈다. 저 멀리 커다란 범선 수십 척이 정박 중인 바다처럼 넓은 강 하구에서부터 시작되는 항구도시의 새하얀 대리석 지붕들이 첫눈처럼 반짝였다. 도시 한복판에는 마치 두 거인이 마주한 것처럼 커다란 건축물 두 채가 마주보고 있었는데, 여러 개의 대리석 기둥과 화려한 지붕 모양으로 보아 헬레니즘 건축양식으로 지은 게 분명했다. 둘 중 하나는 고대 신들의 조각이 늘어서 있는 신전이 분명했고, 다른 하나는 도서관처럼 보였다.

태양이 높아지자 어둠이 밀려나면서 새날의 신성한 빛으로 반짝반짝 빛나는 도시는 아름다웠으며 고대 도시 특유의 진중함이 물씬 풍겼다.

"아아, 멋지다!"

"당연히 멋지지. 여기가 바로 이집트의 보석 알렉산드리아야."

고대 도시의 아름다움에 흠뻑 취한 아인이 감탄을 터뜨리자, 클레오의 얼굴에도 자랑스러운 미소가 번졌다.

"오늘부터 나와 함께 지낼 친구 아인이에요."

날이 밝자 세숫물과 간단한 아침거리를 들고 온 유모 타쿠하에트에게 클레오가 선언하듯 말했다. 타쿠하에트는 클레오의 말에 한참 동안

아인의 머리끝부터 발끝까지를 살폈다.

"친구 분께선 아무래도 새 옷이 필요하겠군요."

잠시 후, 시녀들이 새 옷을 몇 벌 가지고 들어왔다. 하지만 그 옷들은 허리에 달랑 천 하나만 묶는 치마와 상의가 아예 없거나 있다고 해도 맨살을 가릴 수 없는, 도저히 옷이라고 부르기 민망한 것들뿐이었다.

"저, 저기……. 그냥 이거 입고 있으면 안 될까?"

아인은 자신의 핑크색 잠옷을 가리키며 애원하듯 말했다. 그런 아인의 모습을 보며 클레오는 재밌다는 듯 키득거렸다.

"큭큭! 곤란한데……. 그렇지, 유모?"

"공주님의 친구 분이 그런 천박한 옷을 입다니요. 당장 갈아입으십시오!"

유모는 멧돼지도 한 방에 때려눕힐 만큼 굵은 팔뚝을 걷어 올리며 당장이라도 아인의 옷을 벗겨 낼 기세로 다가왔다.

"으에엑! 절대 안 돼! 못 해! 싫어!"

아인은 하얗게 질려 기둥을 끌어안고 소리쳤다.

그날 밤, 아인과 클레오는 클레오의 아버지이자 이집트의 황제인 프톨레마이오스 12세가 여는 연회에 참석하기 위해 대연회실로 향했다.

"그만 좀 해! 하나도 안 보여."

클레오는 궁전 복도를 가로지르며 끊임없이 옷매무새를 고치는 아인에게 핀잔을 주었다. 지금 아인이 입고 있는 옷은 주름이 잔뜩 잡히고 가슴이 깊이 파인 그리스풍의 하늘색 드레스였다. 시녀들이 가져온 옷은 죽어도 못 입는다고 버틴 끝에 클레오에게 얻어 낸 것이다. 하지만 이 옷 역시 가슴이 깊이 파였기 때문에 상당히 부담스러웠다.

아인과는 다르게 이집트 고유의 의상에 황금색 머리장식과 화려한 허리띠, 두툼한 팔찌로 치장한 당당한 클레오를 보며 아인 역시 허리를 곧게 폈다.

'나도 당당해지자. 다들 이렇게 입잖아. 여기는 2009년의 한국이 아니라 2천 년 전의 이집트라고!'

"윽!"

하지만 아인의 결심은 금세 무너졌다. 맞은편에서 허리에 달랑 얇은 천 하나만을 두른 병사들이 다가오는 것이 보였기 때문이었다. 아인은 새빨개진 얼굴로 절규했다.

'도대체 여기 사람들은 왜 옷을 제대로 안 입는 거냐구우~!'

"클레오파트라 필로파토르 타리아 공주님 납시오!"

클레오와 아인이 연회장 안으로 들어서자 문 앞에 대기 중이던 시종 한 사람이 큰 소리로 연회장을 가득 메운 이집트 왕족들과 로마인들에게 그들의 등장을 알렸다.

"저 아이가 그……?"

"맞나 봐요. 척 봐도 알겠어요."

"허! 폐하도 참! 저런 반쪽짜리 혈통을 어디에 쓴다고 연회에까지 부르시는지……."

"그런데 뒤에 있는 아이는 누구죠? 이집트인도, 그렇다고 그리스인도 아닌데?"

 연회실 안의 몇몇 사람들이 클레오와 아인에게 관심을 보이며 웅성거렸다. 하지만 자기들끼리만 웅성거릴 뿐, 한눈에도 클레오와 아인을 반기는 분위기가 아님을 알 수 있었다.

 아인은 순간 당황했다.

 '클레오는 이집트의 공주잖아? 그런데 왜……?'

 그 때 창백할 만큼 하얀 얼굴에 신경질적인 눈초리를 가진 10대 후반의 여인이 싱긋 미소를 지으며 다가왔다.

 "어머! 이게 누구야? 혼혈의 공주님 아니야?"

 아인은 그녀를 보는 순간 왠지 모르게 온몸에 소름이 돋았다. 클레오 역시 잔뜩 긴장한 몸짓으로 인사를 했다.

 "베레니케 언니, 안녕하셨어요?"

 "호호! 나야 늘 안녕하지. 그런데 웬만하면 그 언니라는 말 좀 그만할 수 없을까? 나는 괜찮지만 우리 귀여운 아가들이 참아줄지 모르겠구나."

 베레니케는 생글생글 웃으며 클레오의 손에 뭔가를 꼭 쥐어 주었다.

 "꺄악!"

 그 순간 클레오가 손안의 물건을 바닥으로 내던지며 날카로운 비명을 질렀다. 아인 역시 튀어나오려는 비명을 가까스로 참았.

 베레니케가 클레오의 손에 쥐어 준 것은 바로 살아 있는 뱀이었다. 그것도 알록달록한 색깔의 독사!

 "깔깔깔! 뱀이야말로 우리 왕조의 상징인데 그렇게 무서워해서야 공주라고 할 수 있겠니?"

 베레니케는 공포에 질린 클레오와 아인의 모습에 연회장이 떠나가라 깔깔거렸다. 주변의 왕족들 역시 킬킬거리며 클레오를 비웃었다.

 얼굴이 새빨갛게 달아오른 클레오가 아인의 팔을 잡고 도망치듯 연회장 입구로 향했다.

 "연회가 금방 시작할 텐데 어딜 가려는 거지?"

 하지만 연회장을 빠져나가려던 클레오와 아인은 입구에서 차가운 눈으로 자신들을 쏘아보는 화려하고 도도한 금발의 여인과 마주치고 말았다.

 "트리파에나 언니!"

 "누누이 말했지? 난 너 같은 동생을 둔 적 없다고 말이야. 게다가 뻔히 로마 장군들을 위한 연회인 줄 알면서 그따위 옷을 입고 오다니 정말이지 참을 수가 없구나!"

 "전 이집트의 공주니까……."

 "이집트의 공주? 우리 왕조는 이집트를 지배하기는 하지만 엄연히 그리스 귀족이야. 도대체 몇 번을 말해야 알아듣겠니?"

 트리파에나는 더 이상 말하기도 귀찮다는 듯이 손을 내저었다.

 "더 이상 귀찮게 하지 말고 사람들 눈에 띄지 않는 구석에 얌전히 서 있도록 하렴."

 트리파에나의 말대로 연회장 구석진 자리로 옮겨 울음을 참는 듯 입술을 깨물고 서 있는 클레오를 보며 아인은 마음이 아팠다.

 하지만 그날 밤 클레오를 가장 슬프게 한 사람은 베레니케도, 트리파에나도 아니었다.

연회가 시작되자 늙고 뚱뚱한 황제는 호위병들이 받쳐 든 황금 가마를 타고 들어왔다. 연회장에 모인 사람들이 일제히 황제의 건강과 행운을 비는 인사를 건넸고 황제 역시 미소를 지으며 사람들의 인사에 화답했다. 연회가 무르익자 술에 취한 황제가 클레오를 찾았다.

"클레오파트라, 어디 있느냐? 너의 노래가 듣고 싶구나. 나와 로마의 귀빈들을 즐겁게 해 다오."

클레오는 황제의 요청대로 연회실 한가운데로 나가 아름다운 목소리로 노래하기 시작했다. 연회실의 모든 사람들이 대화를 중단하고 그녀의 노랫소리에 귀를 기울였다.

'다행이다. 클레오가 언니들에겐 미움을 받아도 황제에겐 사랑을 받는구나.'

하지만 시간이 흐를수록 아인은 자신이 큰 착각을 하고 있음을 깨달았다. 노래를 시작한 지 벌써 2시간째, 술에 취한 황제는 클레오에게 계속 노래할 것을 명했다. 먹지도, 마시지도 못한 채 3시간이 넘게 노래하던 클레오는 결국 그 자리에 쓰러지고 말았다.

"클레오, 괜찮아?"

놀란 아인이 무대로 뛰어올라 클레오를 부축하며 물었다.

"난 괜찮아……."

하지만 클레오의 얼굴은 대답과 다르게 하얗게 질려 있었다. 그런 클레오에게 황제가 화난 목소리로 소리쳤다.

"내 말이 들리지 않느냐? 노래하란 말이다, 노래!"

클레오는 황제의 명령에 부들부들 떨리는 몸을 억지로 세웠다. 하지만 3시간이나 혹사당한 그녀의 목에선 더 이상 노래가 나오지 못했다. 그제야 황제는 못마땅한 얼굴로 클레오에게 돌아가도 좋다고 허락했다.

"쯧쯧! 그나마 목소리가 괜찮아서 불렀더니 노래하나 제대로 못하는군. 이집트 시녀가 낳은 아이라 다른 왕족과 결혼도 못 시키고……. 노예보다 쓸모가 없어."

비틀거리는 클레오를 부축해 연회장을 벗어나던 아인의 귓가에 황제의 차가운 목소리가 들렸다. 클레오 역시 황제의 말을 들었는지 어깨를 가늘게 떨었다.

아인은 안타까움에 입술을 깨물었다.

'너무해. 가족들이 어떻게 이럴 수 있어?'

아인은 금방이라도 쓰러질 것 같은 클레오의 어깨를 더욱 힘주어 안았다.

'클레오, 내가 가족이 되어 줄게. 그러니까 힘내.'

이른 아침, 잠든 클레오가 깰까 봐 아인은 조심스럽게 방을 나섰다.

아인의 손에는 유모가 그려 준 약도 한 장이 들려 있었다. 클레오에게 힘이 되어 주겠다고 다짐했지만 막상 방법을 몰라 고심하던 아인에게는 아주 귀중한 것이었다.

"이럴 때 인터넷만 되면 좋을 텐데."

지난 밤, 클레오가 처한 상황을 자세히 알지 못해 고민하던 아인이 중얼거린 말에 유모 타쿠하에트는 인터넷이 뭐냐고 물었다. 어떻게 설명할까 고민하던 아인은 '궁금한 건 뭐든지 다 알려 주는 상자'라고 대답했다.

"상자는 아니지만 알렉산드리아에도 그런 게 하나 있기는 하죠."

타쿠하에트가 말한 것은 유명한 알렉산드리아 도서관이었다.

'난 바보야, 바보! 세계 7대 불가사의 중 하나인 알렉산드리아 도서관을 까맣게 잊고 있었다니.'

망토를 깊이 눌러쓴 아인은 시장이 열린 왕궁 광장을 가로지르며 자신을 탓했다. 광장은 새벽임에도 불구하고 지중해 교역의 중심지라는 명성답게 과일부터 모피, 동양의 진귀한 장신구까지 온갖 물건을 팔러 나온 상인들로 매우 분주하고 혼잡했다.

아인은 사람들과 부딪히지 않게 조심조심 번잡한 시장을 가로질러 갔다.

"어어어어……!"

하지만 느닷없이 골목에서 튀어나오는 수레만큼은 피하지 못했다. 아인은 수레와 함께 길가로 넘어지고 말았다.

"아얏!"

바닥에 쓰러진 아인이 쓰라려오는 무릎을 어루만지며 일어섰다. 주변을 살펴보니 수레에 가득 담겨 있던 잘 익은 수박들이 길에 떨어져 깨진 채 빨간 속살을 드러내고 있었다.

"죄송해요."

벌떡 일어난 아인은 수레를 밀고오던 중년 남자를 향해 재빨리 사과했다. 하지만 수박 장수는 아인의 사과를 받자마자 더욱 화를 내며 소리쳤다.

"미안하다면 다인 줄 알아? 이걸 팔아야 오늘 아이들에게 먹일 밀을 살 수 있단 말이야!"

언성이 높아지자 시장의 다른 상인들이 하나둘 몰려들었다. 수박 장수는 더욱 소리를 높이며 아인의 팔목을 거칠게 낚아챘다.

"어쩔 거야? 엉? 여기서 이렇게 아니라 경비대에 가자!"

그 순간, 머리끝까지 덮어쓴 아인의 망토가 스륵 벗겨지며 비단결 같은 머리카락이 흘러내렸다. 그러자 여기저기서 탄성이 터져 나왔다.

하지만 그 때부터 문제가 더욱 복잡해졌다. 망토자락이 벌어지며 클레오에게서 받은 아인의 고급스러운 드레스와 화려한 황금 팔찌가 드러났던 것이다.

"저, 저건!"

"아, 아저씨. 수박 값은 2배, 아니 3배로 변상해 드릴게요."

"크크크! 2배? 3배? 네가 가진 그 팔찌 하나면 일 년 내내 놀아도 된단다, 얘야."

"흐흐! 자네 오늘 횡재했군. 좀 나눠 주긴 할 거지?"

"난 저 옷이면 돼. 우리 딸이 이번 달에 시집을 가는데 예물로 쓰면 딱 좋겠군."

어떤 상인은 노골적으로 아인의 머리카락을 만지며 음흉한 미소를 지었다.

"저 애는 어떻고? 특이한 외모 덕분에 비싼 값에 팔리겠는걸?"

아인은 탐욕으로 눈을 빛내며 자신을 포위하듯 에워싸는 상인들을 피해 뒷걸음질 쳤다. 하지만 장소는 좁은 시장 골목, 결국 막다른 골목 끝에 몰리고 말았다.

"꺄아악! 도와줘요!"

막 누군가가 우악스럽게 팔목을 비틀자 아인은 비명을 질렀다.

"비켜요, 비켜!"

커다란 고함소리가 들려온 것은 바로 그 때였다. 놀란 눈으로 뒤를 돌아보는 상인들을 향해 한 무리의 흥분한 낙타들이 마구 달려오고 있었다. 겁에 질린 상인들은 낙타에게 밟히지 않으려고 뿔뿔이 흩어졌다.

"뭘 멍하니 서 있어? 뛰어!"

그와 동시에 풍성한 금발의 머리카락을 비스듬히 늘어뜨려 얼굴의 반을 가린 소년이 아인의 팔목을 잡아끌었다. 낙타들을 몰고 온 것이 분명한 소년이 이끄는 대로 아인은 뒤도 돌아보지 않고 달렸다.

"헉헉! 고, 고마워."

아인과 소년은 경비병들이 오가는 큰길에 도착해서야 겨우 멈춰 섰다.

"쳇! 너 말이야, 도대체 생각이 있는 애야? 그런 눈에 띄는 외모에 값비싼 보석까지 걸치고 혼자 시장에 나오면 어쩌겠다는 거야? 순진한 거니, 아니면 멍청한 거니?"

한 팔로 벽을 짚고 가쁜 숨을 몰아쉬던 아인은 소년의 핀잔에 기분이 나빠졌다. 아인은 소년 쪽으로 고개를 홱 돌렸다.

"야……!"

하지만 소년에게 뭐라고 쏘아 주려던 아인은 그대로 굳어 버렸다. 소년의 얼굴을 반이나 덮은 머리카락 사이로 짙푸른 색과 황금색, 그리고 녹색이 감도는 눈동자가 얼핏 보였기 때문이었다.

"뭐야? 왜 쳐다보는데?"

소년은 자신을 뻔히 바라보는 아인을 발견하고는 불쾌한 표정을 지었다.

"아, 아니. 그냥……. 눈빛이 내가 아는 누구랑 똑같이 닮아서 말이야. 다시 한 번 볼 수 있을까?"

아인은 소년의 눈을 들여다보기 위해 소년에게 한 발 다가서며 말했다. 그러자 소년은 보기 흉한 흉터를 보여 주기 싫은 것처럼 급히 물러섰다.

"쳇! 이렇게 기분 나쁜 눈동자를 가진 녀석이 또 있단 말이야?"

"그렇지 않아! 얼마나 예쁜 눈동자인데! 너무 보고 싶은……."

그리운 다니엘을 떠올리자 아인은 목이 메어 말을 맺지 못했다. 소년은 아인의 예상치 못한 반응에 놀랐는지 한동안 멍하니 그녀의 얼굴을 들여다보다가 조용히 물었다.

"그나저나 어쩌다 그런 위험한 곳에 갔던 거야?"

"응? 알렉산드리아 도서관을 찾던 중이었어."

"도서관? 바로 저기 보이는 도서관을 찾아 헤맸단 말이야? 너 바보냐?"

"어디?"

아인은 소년이 가리킨 방향으로 고개를 돌렸다. 그곳에는 정말 큼직한 대리석을 통째로 쌓아올린 높다란 계단을 밟고 파피루스 두루마리를 한 아름씩 안은 사서들이 분주히 오르내리고 있는 웅장한 도서관이 보였다.

"정말이구나. 고마워."

하지만 환하게 미소 짓던 아인이 다시 고개를 돌리자 소년의 모습은 온데간데없었다. 깜짝 놀란 아인이 급히 사방을 둘러보았지만 소년을 찾을 수는 없었다.

"고맙단 말도 제대로 못했는데……."

아인은 아쉬움에 쉽게 자리를 뜨지 못했다.

"클레오!"

놀랍게도 도서관 입구에는 클레오가 자신을 기다리고 있었다.

"네가 여긴 어떻게 온 거야?"

"으이구! 어떻게는 무슨 어떻게야? 유모에게 이야기를 듣자마자 아침도 굶고 달려온 거지."

"왜?"

"왜라니? 어제 이집트에 도착한 애가 말 한 마디 없이 위험한 시장 한복판에 뛰어들었다는데, 내가 걱정이 안 되겠니? 너 또 그럴 거야? 엉?"

태연한 아인의 태도가 얄미웠던지 클레오는 아인의 양쪽 뺨을 사정없이 주~욱 잡아당겼다.

"아야야! 아파!"

"큭큭! 그러니까 다음부터는 걱정 좀 시키지 마. 알았지?"

얼얼한 양 뺨을 문지르며 입을 삐죽거리는 아인을 보자 클레오는 웃음이 나왔다.

"그런데 너, 괜찮아? 어제 많이 힘들었을 텐데 쉬지 그랬어?"

"난 궁전보다 여기가 더 편해. 귀찮게 하는 사람도 없고 뒤에서 험담하는 사람도 없잖아."

진심 어린 아인의 말에 화가 풀린 클레오가 빙긋 미소를 지었다.

두 소녀는 나란히 손을 잡고 도서관 안으로 들어갔다.

'분명 다니엘과 똑같은 눈빛이었는데……. 내가 잘못 본 걸까?'

하지만 아쉬움에 자꾸만 뒤를 돌아보게 되는 것은 어쩔 수 없었다.

"쳇! 어쩐지 세상 물정을 너무 모른다 했더니 공주의 친구였군."

도서관이 마주보이는 건물의 옥상에서 클레오와 아인을 내려 보던 다니엘이 중얼거렸다.

"덥다!"

태양이 높아지자 다니엘은 갑갑했는지 얼굴을 가렸던 머리카락을 손가락으로 쓸어 넘겼다. 그러자 세 가지 빛깔이 오묘하게 어우러진 그의 눈동자가 햇살을 받아 신비하게 반짝였다.

"쳇! 이런 이상한 눈이 뭐가 좋다고!"

다니엘은 금방이라도 울 것 같았던 아인을 떠올리고는 투덜거렸다.

알렉산드리아 도서관은 그 명성에 걸맞게 그리스의 희곡, 고대 수메르인들의 점토판, 천문학 등 세계 각지의 문헌이 총망라되어 있었다. 심지어 한문이 가득한 고대 중국의 서적까지 따로 분류가 되어 있어 아인을 깜짝 놀라게 했다.

클레오는 매일 도서관에서 살다시피 하며 도서관에 쌓인 수십만 권의 장서들을 독파해 나가는 한편 도서관에 모인 현자들로부터 다양한 지식도 전수받았다. 아인은 따분하기도 했지만 그 시대를 알아야만 클레오를 도울 수 있다는 생각에 꾹 참고 고대 사회에 대해 조금이라도 더 많이 알기 위해 노력했다. 적어도 클레오가 가족들에게 놀림감이 되는 것만은 더 이상 참을 수 없는 아인이었다.

공부를 하며 평온한 2년 남짓의 시간이 흐른 어느 날, 이제 14살이 된 아인과 클레오는 도서관에 갈 준비로 바쁜 아침을 보내고 있었다. 그 때 하얗게 질린 유모가 허둥지둥 달려왔다.
"공주님! 큰일 났습니다! 베레니케 공주님께서 황제폐하를 추방하시고 스스로 왕위에 오르셨답니다."
"뭐? 작은 언니가?"
"설마……!"
클레오와 아인은 유모의 말을 듣고 경악했다. 특히 평소 베레니케를 무서워하던 클레오는 극도의 패닉상태에 빠져 버렸다. 아인은 클레오를 진정시키고 나서 상황을 알아보기 위해 황제가 머물던 궁으로 달려갔다.
베레니케는 얼마 전 셀레우코스 왕조의 셋째 왕자와 결혼했다가 하루 만에 남편을 살해할 정도로 무섭고 독한 여자였다. 단지 잘 때 코를 시끄럽게 곤다는 이유였다.
'하지만 아무리 그래도 따르는 병사 하나 없는 베레니케가 무장한 경비병들이 밤낮으로 삼엄하게 지키고 있는 황제를 어떻게 강제로 추

방할 수 있지?'

아인은 절대 그럴 리 없다고 생각했다.

하지만 황제의 궁에 도착한 아인은 깜짝 놀라 다급히 커다란 기둥 뒤로 몸을 숨겼다. 복도에 중무장한 타국의 병사들로 가득했기 때문이었다.

'저건 분명히 소아시아 폰토스 병사의 복장인데?'

알렉산드리아 도서관에서 고대 이집트와 주변국에 대해 철저히 공부한 아인은 폰토스 병사들의 복장을 한눈에 알아보았다.

아인은 얼마 전 클레오의 큰언니 트리파에나의 구혼자인 소아시아 폰토스의 아르케라오스 왕자가 병사들과 함께 입국한 사실을 떠올렸다. 하지만 왕궁 밖에 있어야 할 저들이 지금 왜 여기에 있는지는 도저히 알 수 없었다.

'무슨 일이 벌어지고 있는지 알아봐야 해.'

아인은 복도에 놓인 과일바구니 하나를 들고 재빨리 왕궁 정원으로 달려갔다. 정원에도 드문드문 폰토스의 병사들이 서 있었지만, 그들의 눈에 아인은 과일바구니 나르는 시녀로 보일 뿐이어서 별다른 관심을 보이지 않았다.

"당신이 감히 날 배신하다니!"

마침내 넓은 왕궁의 정원을 빙 돌아 황제의 방 앞에 도착한 아인의 귀에 트리파에나의 날카로운 목소리가 들렸다. 아인은 급히 테라스의 기둥 뒤에 몸을 숨기고 방 안을 엿보았다.

"배신이라니? 난 이집트의 공주와 결혼하기 위해서 온 거라고. 단지 당신이 아니라 베레니케 공주와 결혼하기로 마음을 바꿨을 뿐이지."

방 안에는 금발의 아름다운 트리파에나와 싸늘하고 매서운 베레니케, 그리고 잘생긴 폰토스의 아르케라오스가 말싸움을 벌이고 있었다.
　"베레니케와 결혼? 무, 무슨 소리야?"
　"놀랄 것 없어. 그가 날 택한 이유는 언니는 절대 줄 수 없는 걸 내가 선물했기 때문이니까. 바로 왕좌 말이야."
　"네가 정말로 반역을 일으켰구나!"
　"반역? 애초에 아버지는 황제 자격도 없었고 이집트를 통치하지도 않았어. 그런 무능한 황제는 없느니만 못해. 한 가지 안타까운 건 아버지가 살아서 로마로 도망갔다는 거지. 깔끔하게 여기서 죽어 주었으면 좋았으련만!"
　베레니케가 말을 끝내자마자 트리파에나는 신음소리와 함께 바닥으로 쿵 쓰러졌다. 쓰러진 트리파에나의 가슴에는 섬뜩한 비수가 꽂혀 있었다.
　"베레니케! 굳이 죽일 필요까지는 없잖아?"
　베레니케는 놀라 소리치는 아르케라오스를 돌아보며 말했다.
　"아니, 반드시 죽여야만 했어. 왜냐하면 언니는 살려 두기엔 너무 아름다웠으니까."
　"그럼 클레오파트라는? 그 애도 죽일 건가?"
　"물론. 클레오파트라뿐만 아니라 그 애의 이국인 친구도 마찬가지야. 이 궁전에서 당신의 관심을 끌 만큼 예쁜 여자는 누구도 살아남지 못할걸? 왜냐하면 난 세상 누구와도 당신을 나누고 싶지 않으니까."
　아인은 베레니케의 섬뜩한 말에 터져 나오는 비명을 가까스로 참았다.

'베레니케는 미쳤어!'

"클레오!"

아인은 클레오의 방으로 뛰어들었다. 하지만 아인보다 먼저 도착한 사람이 있었다. 베레니케를 모시는 나이가 지긋한 환관과 폰토스의 병사들이었다.

"아인! 베레니케 언니가……."

"어흠!"

환관이 클레오의 말을 자르며 크게 헛기침을 했다.

"다시 한 번 말씀드리죠. 아르케라오스 1세 폐하와 베레니케 에우프로시네 4세 왕비님께서 클레오파트라 필로파토르 타리아 공주님께 대관식에 반드시 참석하시라는 명을 내리셨습니다. 지금 당장 저희들과 가시지요."

환관의 말이 떨어지자 당장이라도 클레오파트라를 끌고 가려는 듯 병사들이 한 발 앞으로 나섰다. 아인은 황급히 클레오파트라의 앞을 막아섰다.

"잠깐만요! 이대로 갈 수는 없어요. 제 말은 그러니까……. 대관식에 참석하는데 그에 걸맞은 준비를 해야 하지 않겠어요?"

환관은 아인의 말에 평민들과 별반 다를 바 없는 소박한 옷차림의 클레오파트라를 살펴보았다.

"그럼 잠시 시간을 줄 테니 서둘러 준비하도록 하시오."

환관 일행이 나가자 아인은 목소리를 낮춰 방금 전 자신이 본 장면을 말해 주었다. 이야기를 듣던 클레오의 눈은 점점 더 커졌고, 마지막 트리파에나가 살해당하는 대목을 듣고는 충격으로 비틀거리기까지 했다.

"그러니까 이제 궁 안에서는 절대로 화장도 하지 말고 꾸미지도 마. 베레니케의 눈에 띄면 목숨이 위험하단 말이야. 알았지?"

아인의 말에 클레오는 고개를 끄덕였다. 그리고 가장 단순하고 투박한 옷으로 갈아입은 후 눈가의 화장을 지우고 몸에 걸쳤던 장신구들도 하나도 빠짐없이 빼 버렸다. 그러자 조금 전보다 한결 평범해 보였다.

하지만 그 정도로는 막 피어나기 시작한 클레오의 아름다움이 완벽하게 가려지지 않았다. 고민하던 클레오는 뭔가 결심한 듯 가위를 들고는 긴 머리를 귀밑까지 싹둑 잘라 버렸다. 순식간에 일어난 일이라 아인은 깜짝 놀라 소리쳤다.

"크, 클레오!"

"어때? 이 정도면 베레니케 언니의 관심이 멀어질까?"

짧은 머리의 클레오는 여인이라기보다는 어린 소녀처럼 보였다. 눈물을 참느라고 잔뜩 찡그린 얼굴로 억지로 웃으며 아인이 고개를 끄덕였다.

갑작스럽게 열린 대관식이라 많은 사람들이 참석하지는 않았다. 하지만 참석한 사람들은 저마다 새 황제와 왕비의 환심을 사기 위해 화려하게 치장하고 나왔다. 그들 가운데 서 있는 아인과 클레오는 마치 시녀처럼 보일 정도였다.

"호호! 천한 시녀의 딸이라 어쩔 수 없구나."

다행히 클레오와 아인의 바람대로 베레니케와 그녀의 남편 아르케라오스는 클레오를 보자마자 요란하게 비웃고 조롱하기만 할 뿐이었다. 그들은 대관식이 끝나자 클레오와 아인을 연회장에서 쫓아냈다.

"다행이야."

무사히 방으로 돌아온 아인은 클레오를 위로했다. 하지만 클레오의 기분은 좀처럼 나아지지 않았다. 그 이유는 바로 추방당한 황제 때문이었다. 비록 자신에게 모질게 대했던 황제였지만 그는 엄연히 아버지였다.

"너무 걱정하지 마. 로마에 도착하셨다잖아. 로마 원로들과 친분이 두터우시니까 별일은 없으실 거야."

"그렇겠지? 왠지 네 말을 들으면 안심이 돼."

대관식 이후 베레니케는 가끔 클레오가 머무는 별궁으로 찾아왔다. 그때마다 클레오와 아인은 흙투성이가 되어 정원을 일구거나 얼굴에 온통 잉크를 묻혀가며 공부를 하고 있어 베레니케의 눈을 피해갈 수 있었다.

하지만 그것도 잠시, 시간이 지날수록 클레오는 더욱 아름다워졌다. 더불어 아인 역시 이국적인 매력이 넘치는 숙녀로 자라나고 있었다.

베레니케가 왕권을 빼앗은 지 1년이 지난 어느 날, 클레오는 왕족들이라면 반드시 배워야만 하는 궁중 무용을 배우기 위해 연회장으로 향했다.

아인은 연회장 한쪽에서 북소리에 맞춰 무희들 사이를 누비며 춤을 추는 클레오의 아름다운 모습을 지켜보며 감탄했다. 온몸을 화려한 장신구로 치장한 다른 무희들보다 간편한 무용복 차림의 클레오가 훨씬 더 빛나 보였다.

"아름다워. 마치 날개가 있는 요정 같군."

"그러게 내 말이……. 응?"

아인은 뒤에서 들려온 목소리에 고개를 끄덕이다가 흠칫 놀라 돌아섰다.

"화, 황제폐……!"

등 뒤에는 베레니케의 남편이자 황제인 아르케라오스가 서 있었다.

"쉿! 조용히."

그는 소리를 지르려는 아인의 입을 손가락으로 막은 후 무희들과 춤추는 클레오를 향해 고개를 돌렸다. 붉게 상기된 뺨과 화장기가 없어 더욱 싱그럽게 빛나는 피부, 고양이처럼 우아한 몸동작까지, 그의 눈길은 클레오에게 고정돼 떨어질 줄을 몰랐다.

"정말 아름답군. 저게 그 촌스럽던 클레오파트라란 말인가?"

아르케라오스가 감탄을 터뜨릴 때마다 아인의 불안감은 점점 커져만 갔다.

'위험해!'

"성지순례?"

베레니케는 밤늦게 대전으로 찾아온 클레오를 향해 짜증스럽게 물었다.

"예. 언니와 형부를 위해 신들께 기도하고 싶어요. 더구나 성지순례는 우리 왕가의 오랜 전통, 부디 제게 왕가를 위해 봉사할 기회를 주세요."

클레오는 신하들이 줄지어 늘어선 대전 바닥에 꿇어앉아 베레니케에게 간청했다.

신하들은 그런 클레오를 보며 고개를 끄덕였다.

"하긴……. 왕가에서 순례의 전통을 건너뛴 지도 오래 전이니 다시 시작할 때도 됐지."

"나일의 범람이 다가오니 성지순례도 나쁘지 않다고 생각합니다."

신하들이 저마다 베레니케를 향해 한 마디씩 했다.

"날 위한 순례라고? 좋아. 그 대신 성지순례 본래의 의도대로 시녀도 데려가지 못하고 경호원도 허락하지 않겠어."

베레니케는 딱히 거절할 명분을 찾지 못하자 마지못해 클레오의 성지순례를 허락했다.

"허락 받았어?"

"응. 일단은."

아인은 클레오가 방으로 돌아오자 짐을 꾸리기 시작했다.

이 순례는 도저히 베레니케의 마수를 피할 방법이 없어질 때를 대비해 아인과 클레오가 1년 동안 알렉산드리아 도서관을 뒤져 찾아 낸 방법이었다. 조금 전 연회실에서 아르케라오스가 클레오를 바라보는 눈빛에서 위험을 직감한 아인이 드디어 최후의 묘수를 선택한 것이다.

"공주님, 제가 직접 모셔야 하겠지만 이 늙은이가 먼 길에 도움은커녕 방해만 될까 동행하지 못하는 점 용서하세요."

몇 년 새 많이 쇠약해진 클레오의 유모 타쿠하에트는 옷가지를 싼 커다란 천을 둘러매고 방을 나서는 아인과 클레오를 향해 눈물을 지었다.

"유모, 용서라니 무슨 소리야? 유모는 내게 소중한 가족이야. 그러니까 내가 돌아올 때까지 건강하게 잘 지내야 해. 알았지?"

"흑흑! 알겠습니다, 공주님."

유모는 애써 눈물을 닦으며 말을 이었다.

"공주님, 이 늙은이가 노파심에 순례에 동행할 젊은이 한 명을 구해 놨습니다. 이번에 새로 들어온 경비병인데 재주도 좋고 싸움에도 능한 젊은이죠. 아마도 쓸모가 많으실 겁니다."

"고마워, 유모. 유모가 선택한 사람이라면 틀림없겠지."

"아인 아가씨, 공주님을 잘 부탁해요."

"걱정 마세요."

클레오와 아인은 타쿠하에트와 아쉬운 작별을 나누고 별궁을 나섰다.

"다니엘 아폴로도투스 막시무스입니다. 모시게 되어 영광입니다."

궁 밖에는 유모가 말한 청년이 두건을 깊이 눌러쓴 채 말 세 마리의 고삐를 잡고 기다리고 있었다. 어둠 때문에, 혹은 절박함 때문에 아인은 2년 전 시장에서 자신을 구해 준 다니엘을 미처 알아보지 못했다.

클레오와 아인은 서둘러 말에 올라탔다. 다행히 클레오와 아인 둘 다 말을 탈 줄 알았다.

"이랴!"

아인과 클레오, 그리고 다니엘을 태운 말은 어둠이 내린 알렉산드리아를 빠르게 빠져나갔다.

아인 일행은 밤이 깊어서야 나일 강의 선착장에 도착했다. 아인과 클레오가 대기하고 있던 배에 오르자 다니엘이 재빨리 닻을 올렸다.

"후우~!"

클레오와 아인은 배가 바람을 안고 나일 강을 거슬러 오르기 시작하자 비로소 안도의 한숨을 내쉬었다.

"좁지만 선실이 있으니 두 분께서는 안으로 들어가 쉬십시오. 배는 제가 몰겠습니다."

다니엘의 말에 피곤함으로 쓰러지기 직전인 두 소녀는 반갑게 고개를 끄덕이며 선실로 들어갔다. 그리고 곧 달콤한 잠에 빠져들었.

홀로 갑판에 남은 다니엘은 깊이 눌러썼던 두건을 벗었다. 그러자 달빛 아래 환한 금발과 함께 푸른빛과 금색, 녹색이 신비하게 어우러진 그의 눈동자가 선명히 드러났다.

3장

신전을 찾아 덴데라로!

이른 아침, 쌀쌀한 한기에 잠에서 깬 아인은 클레오가 깨지 않도록 조심조심 선실 문을 열고 갑판으로 나왔다.

끝없이 펼쳐진 푸른 밀밭을 가르며 흐르는 나일 강 위로 떠오르는 붉은 태양을 보자 비로소 위험한 궁을 무사히 빠져나왔다는 안도감이 밀려들었다.

"응?"

그 때 아인의 눈에 갑판 한구석에서 돛대에 기대 잠든 다니엘이 보였다. 담요도 없이 차가운 갑판에서 밤을 샌 모양이었다. 안쓰러운 마음에 어깨를 감싸고 있던 망토를 벗어들고 그에게 다가갔다.

어젯밤 깊숙이 눌러썼던 두건 때문에 자세히 보지 못했던 그는 햇볕에 적당히 그을린 갈색 피부에 단정한 콧날, 얼굴 위로 길게 내려뜨린 머리카락 사이로 얼핏 보이는 긴 속눈썹, 이집트에서는 흔치 않은 밝은 금발의 미남이었다. 그리고 무척이나 낯이 익었다.

'누구지? 내가 클레오 말고 이집트에서 아는 사람이 있었던가?'

담요를 덮어 주기 위해 그를 향해 몸을 기울이던 아인은 그의 얼굴을 덮고 있던 머리카락을 조심스레 쓸어 넘겼다.

"지금 뭐하는 거지?"

잠든 줄 알았던 다니엘이 아인의 손목을 거칠게 움켜잡으며 두 눈을 번쩍 떴다. 그러자 신비한 빛깔의 눈동자가 막 떠오르기 시작한 햇살 속에 선명히 드러났다.

아인은 탄식에 가까운 목소리로 그의 이름을 불렀다.

"이, 이럴 수가! 다니엘! 당신을 다시 만나다니!"

다니엘은 아인의 말에 의아한 듯 물었다.
"날 알아? 아니, 날 기억해?"
아인은 그제야 자신의 실수를 깨달았다.
"미, 미안해요. 예전에 알던 사람과 너무 닮아서 나도 모르게……. 미안해요."
아인의 사과에 다니엘은 기분 나쁜 듯 잡고 있던 아인의 팔목을 강하게 밀치며 벌떡 일어섰다.
"내 이름은 다니엘 아폴로도투스 막시무스, 공주님의 호위야. 네가 알던 이상한 녀석이 아니라고. 너란 녀석은 여전히 바보같이 둔하구나."
아인은 다니엘의 냉소적인 말투에 순간 발끈했다.
'뭐, 뭐야? 바, 바보라니 너무한 거 아냐? 게다가 여전히 바보 같다니? 전부터 날 알던 사람……? 어? 그러고 보니……?'
아인은 다니엘의 얼굴을 가리키며 놀라 소리쳤다.
"아! 당신! 그때 그 시장에서 봤던 낙타소년?"
"바보 같기는. 이제야 기억하다니."
다니엘은 투덜대며 아인의 어깨를 밀치듯 스쳐 지나 다른 곳으로 걸어갔다. 바닥에 떨어진 아인의 담요를 무심히 밟고서.
'쳇! 겁이나 주고! 자기가 무슨 깡패야?'
아인은 뱃머리에 등을 보이고 서 있는 다니엘을 째려보았다.
"뭐야, 벌써 해가 떠 버렸잖아? 궁 밖에서 맞는 첫 일출은 꼭 보고 싶었는데."
이때 담요를 어깨에 두른 클레오가 눈을 비비며 갑판으로 나왔다.

"공주님, 일어나셨습니까?"

다니엘이 클레오를 향해 공손히 인사하자 아인은 자신을 대할 때와 180도 달라진 그의 태도에 기가 막혔다.

'뭐 저런 인간이 다 있어? 나는 못 잡아먹어서 안달이더니 클레오가 나오자마자 웬 충성모드? 완전 내숭 100단이잖아?'

"어? 다니엘도 일어났어? 으음~ 나만 빼고 둘이서 다정하게 일출을 감상했다 이거지? 뭔가 냄새가 나는데?"

"냄새는 무슨! 게다가 일출은 아마 저 사람도 못 봤을걸? 코까지 골며 자느라고 바빴거든."

"왜 그래? 둘이 싸웠어?"

"싸우긴 누가 싸워?"

"아, 아닙니다. 제가 어찌 공주님의 친구 분과……."

클레오는 씩씩거리며 선실 문을 뻥 차고 들어가는 아인과 짜증나는 듯 미간을 찌푸리는 다니엘을 번갈아 바라보며 흥미진진한 듯 두 눈을 반짝였다.

"뭔데? 둘이 진짜 싸웠어? 말 좀 해 줘."

"싫어."

"그러지 말고~!"

"별거 없다니까."

"그러니까 그 별거 없는 이야기라도 알려 달라니까, 제발~!"

아인은 선실까지 쫓아와 끈덕지게 조르는 클레오에게 결국 아침에 있었던 일에 대해 이야기했다.

"처음에는 내가 실수한 셈이야. 예전에 알던 사람하고 너무 닮아서 그만 실례를 했거든. 거기에다 날 구해 줬던 걸 까맣게 잊고 알아보지도 못했으니 서운해 할 만하지."

차분히 말을 시작했지만 아까의 상황이 떠오르자 아인은 다시 발끈했다.

"그래도 그렇지! 잘 알지도 못하는 사람한테 바보 같고 둔하다니 너무한 거 아니야?"

"글쎄, 잘 모르겠다. 근데 네가 알던 사람이라는 건 누구야?"

"그, 그건……."

아인은 순간 움찔했다. 시간여행으로 영국과 오스트리아에서 만났던 다니엘 이야기를 해도 되는지에 대한 확신이 없었던 것이다. 하지만 아인의 그런 망설임이 클레오의 호기심을 더욱 부채질했다.

"왜? 누군데 그래?"

"그, 그냥 닮은 사람이야."

"아아! 궁금하단 말이야. 말해 줘! 말해 줘!"

"어우, 싫다니까 왜 이러셔? 잠이나 자."

그러나 클레오의 비장한 눈빛에 결국 아인은 항복을 선언했다.

"졌다, 졌어. 그게 어떻게 된 거냐면……."

결국 두 번에 걸친 시간여행과 그녀의 여왕친구들, 그리고 두 명의 다니엘에 대한 이야기는 새벽이 다 되어서야 끝이 났다.

위험한 장면에서는 함께 비명을 지르고 다니엘과의 이별 장면을 들을 때는 안타까운 탄성을 지르던 클레오는 아인의 이야기가 끝나자 무언가 곰곰이 생각하다가 불쑥 말했다.

"그러니까 네 이야기를 종합해 보면 다니엘이 이집트에서도 너와 연인이 될 확률이 100%라는 거잖아?

"연인? 절대 싫어! 나중에 혹시 고백하더라도 그때는 내 쪽에서 뻥차 줄 거야!"

아인은 두 주먹을 불끈 쥐고 소리쳤다.

"쳇! 시끄럽기는."

돛대에 기댄 채 설핏 잠이 들었던 다니엘은 선실 밖까지 울려 퍼지는 아인의 비명소리에 잠을 깨서는 투덜댔다.

"잠 다 깼네."

다니엘은 덮고 있던 담요를 반듯이 접어 음식물과 식수를 보관한 창고에 조심스레 넣었다. 아인이 덮어준 바로 그 담요였다.

일행을 태운 배는 아인과 다니엘의 미묘한 신경전을 제외하고는 별다른 사고 없이 고대 파라오 무덤과 고대 신들의 신전이 있는 덴데라를 향해 나일 강을 거슬러 올랐다.

알렉산드리아를 떠난 지 한 달반쯤 지나자 잔잔히 흐르는 나일을 따라 끝없이 펼쳐진 밀밭에도 어느새 이삭이 영글기 시작했다.

"드십시오."

"또 생선이네."

"죄송합니다."

클레오는 다니엘이 내미는 접시를 받아들며 고개를 저었다.

"아니야. 다니엘이 죄송할 건 없지. 나 생선 좋아해. 맛있고 영양도 듬뿍 담겼잖아. 단지……."

"생선이 질리셨으면 내일은 다른 음식을 준비해 보겠습니다."

"아니야. 괜히 배를 육지에 댔다가 언니의 군대가 추격해 오면 어떻게 해?"

"그래요. 이번 기회에 평생 먹을 생선 한꺼번에 먹는다고 생각하면 되죠."

아인 역시 고개를 끄덕이며 다니엘의 손에서 접시를 받아들었다. 하지만 막상 접시를 든 아인과 클레오는 깨작깨작 뒤적이기만 할 뿐이었다.

여행이 길어지자 가장 힘든 건 먹는 문제였다. 준비한 과일과 밀이 떨어지자 먹을 거라고는 다니엘이 강에서 낚아 올리는 물고기뿐이었다. 처음엔 신선한 생선 맛에 다들 만족했지만 일주일이 지나자 생선 냄새만 맡아도 속이 울렁거렸다.

"미안해, 다니엘. 도저히 못 먹겠어."

"나두!"

클레오에 이어 아인 역시 접시를 내려놓았다.

"클레오, 나 미쳤나 봐. 기름에 바싹 튀겨 간장소스 듬뿍 바른 닭튀김이 허공에 막 떠다녀."

"내 눈에는 어제부터 갑판을 뛰어다니는 바싹 구운 통돼지 바비큐가 보여. 아! 오늘은 레몬이랑 바나나도 같이 뛰어다니네."

아인과 클레오는 멍하니 갑판에 앉아 나일 강을 바라보며 중얼거렸다. 둘 다 아침, 점심으로 받은 생선을 도저히 먹지 못해서 힘이 하나도 없는 상태였다.

"저거다!"

그 순간, 아인이 벌떡 일어서며 소리쳤다.

"저거야! 저거! 우리 저거 먹자!"

클레오는 아인이 가리키는 방향으로 고개를 돌렸다. 하지만 거기에는 강기슭을 따라 피어난 연꽃무리만 있을 뿐이었다.

"하지만 저건 연꽃이잖아? 아인, 아무리 배가 고파도 그렇지. 넌 나비가 아니거든?"

"아니! 꽃 말고 뿌리 말이야, 연근! 조려도 맛있고 튀겨도 맛있고 갈아서 주스로 먹어도 맛있어. 특히 식초에 절여서 생선이랑 먹으면 물리지도 않는다고."

아인의 말에 클레오가 아인의 양손을 꼭 쥐며 눈을 반짝였다.

"꼭 뽑자!"

마침 배가 연꽃이 가득 피어난 강기슭에 가까워졌다. 아인과 클레오는 몸을 배 밖으로 내밀어 연꽃을 향해 최대한 팔을 내뻗었다.

"조금만 더, 더……."

하지만 연 줄기는 잡힐 듯 말 듯 손끝만 스칠 뿐이었다.

"안 되겠어. 나 좀 잡아 줘."

답답했던 클레오는 아예 배 밖으로 나서서 한 팔만을 아인에게 맡긴 채 연꽃을 향해 몸을 기울였다.

"잡았다! 당겨!"

드디어 연 줄기를 움켜쥔 클레오가 소리쳤다.

"좋았어!"

하지만 연뿌리는 강바닥에 단단히 묻혀 있어 쉽게 뽑히지 않았다. 아인은 필사적으로 클레오를 당겼지만 오히려 둘은 나일 강에 풍덩 빠지고 말았다.

"꺄악!"

"아악!"

다행히 강기슭의 수심은 아인의 가슴까지 차는 정도로 그리 깊지 않았다.

"클레오 괜찮아?"

"응. 오히려 잘됐다. 빠진 김에 연뿌리나 잔뜩 뽑자."

클레오는 시원하게 웃으며 연 줄기 하나를 단단히 잡고 힘껏 당겼다. 아인도 진흙에 박힌 연뿌리 하나를 당겨 뽑았다.

"야호! 오늘 저녁은 대형 연근조림이다!"

두 소녀는 양손에 커다란 연뿌리 하나씩을 들고 환호했다.

"이제 그만 돌아가자."

아인이 배로 돌아가기 위해 몸을 돌렸다.

"어?!"

그제야 아인은 강바닥 전체가 진흙의 뻘이라는 사실을 깨달았다. 이미 발목까지 잠겨 꼼짝할 수가 없었다. 클레오 역시 발목부터 부드러운 진흙에 빠져드는 것을 느끼고는 당황해서 외쳤다.

"아인! 못 움직이겠어!"

아인은 클레오마저 수렁에 빠져들었다는 말을 듣고는 클레오에게 다가가려 몸을 비틀었다. 하지만 움직이면 움직일수록 더 빨리 더 깊이 빠져들 뿐이었다.

"다니엘! 도와줘요!"

목까지 물이 차오르자 아인은 저도 모르게 소리쳤다.

창고에 있던 다니엘은 희미한 비명소리에 놀라 갑판으로 달려 나왔다. 하지만 갑판은 텅 비어 있었다. 급히 선실로 향하던 그의 귀에 클레오의 다급한 고함소리가 들렸다.

"다니엘! 여기야! 도와줘!"

클레오의 목소리는 놀랍게도 배 밖에서 들려오고 있었다. 그는 물에 빠진 클레오와 아인을 발견하자마자 한 치의 망설임도 없이 나일 강으로 뛰어들었다.

종아리까지 진흙에 빠져들어 간신히 숨을 쉬던 아인의 눈에 강으로 뛰어드는 다니엘이 보였다. 그제야 아인은 안도의 한숨을 내쉬었다. 하지만 그는 다급한 아인의 곁을 무심히 스쳐 지나는 게 아닌가?

'저 인간이 끝까지……!'

"아인! 아인아!"

숨 쉴 때마다 입 속으로 밀려드는 흙탕물 때문에 정신이 흐려지는 아인의 귓가에 클레오의 다급한 외침이 희미하게 들렸다.

"정신 차려. 아인아, 제발 눈 좀 떠."
아인은 자신을 가볍게 흔드는 손길에 간신히 눈을 떴다.
"클레오?"
"깨어났구나. 다행이야."
"여긴?"
간신히 몸을 일으켜 사방을 살펴보니 배의 선실이었다. 클레오는 비틀거리는 아인을 부축해 다시 눕혔다.
"정말 다행이야. 네가 완전히 빠지는 순간 눈앞이 캄캄했었다니까."
"구해 줘서 고마워."
아인은 클레오의 손을 잡으며 말했다. 하지만 클레오는 고개를 저었다.
"아니. 우리를 구해 준 건 다니엘이야."
아인은 클레오의 이어지는 말에 눈을 동그랗게 떴다.

젖은 옷을 갈아입은 아인이 갑판으로 나오자 아직까지 물기를 닦지 않은 채 칼을 손질하는 다니엘의 뒷모습이 보였다. 방금 생긴 듯 핏물이 맺힌 커다란 상처가 등 한가운데를 가로지르며 나 있었다.
아인은 그의 뒤로 다가서서 수건을 건네며 작은 목소리로 말했다.
"감기 걸려요."
"지금 손질하지 않으면 녹슬어. 녹슨 칼로 공주님을 지킬 수는 없지."
다니엘은 칼 손질을 멈추지 않았다.
아인은 그가 손질을 끝낼 때까지 끈질기게 기다렸다가 다시 한 번 수건을 내밀었다. 그제야 다니엘은 아인의 손에서 수건을 받아 물기를

닦아 냈다. 아인은 등뿐 아니라 팔뚝과 가슴에도 핏물이 맺혀 있는 것을 보며 어렵게 입을 열었다.

"고마워요. 그리고 미안해요. 괜히 나 때문에……."

다니엘은 힐끔 아인을 바라본 후 무뚝뚝하게 말했다.

"신경 쓰지 마."

"그래도……."

'네가 정신을 잃자마자 내가 비명을 질렀던 거 기억해? 그건 네가 물속으로 가라앉았기 때문이기도 했지만 네 뒤로 다가온 거대한 식인악어를 발견했기 때문이기도 했어. 다니엘이 목숨을 걸고 악어를 해치웠기에 망정이지 하마터면 우리 모두 악어 밥이 될 뻔했다니까. 다행히 악어는 잡았지만 다니엘 역시 악어 이빨과 발톱에 많이 다쳤어.'

아인은 선실에서 들었던 클레오의 말을 떠올리며 미안함에 말을 잇지 못했다.

"내가 악어와 싸운 건 순전히 공주님을 구하기 위한 거였어. 그러니 네가 신경 쓸 필요 없어."

다니엘은 울 것 같은 표정의 아인에게 수건을 돌려주며 냉정히 말했다.

'나 감동했어. 유모나 네가 아닌 다른 누군가가 날 위해 목숨을 걸고 싸워 준다는 거, 상상도 못해 봤거든. 게다가 평소에는 몰랐는데 자세히 보니까 완전 꽃미남인 거 있지? 그동안 못 알아본 게 억울할 정도라니까.'

아인은 멀어지는 그의 뒷모습을 바라보며 클레오의 마지막 말을 떠올렸다. 목숨을 구해 준 고마움과 여전히 냉랭한 태도에 대한 서운함,

그리고 그에게 관심을 보이기 시작하는 클레오에 대한 질투로 아인의 가슴 한쪽이 콕콕 아파왔다.

그날 밤, 아인은 저녁으로 나온 연근 죽과 연근 튀김을 받아들고 눈을 동그랗게 떴다.
"세상에! 그걸 결국 뽑아왔단 말이에요? 죽을 뻔했으면서도?"
"큭큭! 네가 못 봐서 그래. 악어랑 싸울 때보다 연근 뽑을 때가 더 무시무시했다니까. 지금 창고에 엄청 쌓였어. 아! 맛있다."
놀라는 아인에게 클레오가 키득거리며 말했다.
"나도 생선은 질렸거든."
황당한 표정으로 돌아보는 아인을 향해 다니엘이 볼을 긁적이며 말했다.
"큭큭! 하하하하!"
아인은 아까의 심란한 마음을 잠시 잊고 오랜만에 밝게 웃었다.

일행을 태운 배는 반년이라는 긴 항해 끝에 목적지인 신들의 도시 덴데라에 도착했다. 일행은 순례를 위해 준비한 단정한 옷으로 갈아입은 후 배에서 내렸다.
드디어 끝없이 이어진 푸른 밀밭을 배경으로 서 있는 하토르의 신전 앞에 도착한 일행은 그 위대하고도 엄청난 광경에 압도당한 듯 잠시 말을 잊었다.
높이를 가늠할 수 없을 정도로 높다란 입구의 주조물을 통해 보이는 하토르 신전은 사람의 손으로 만들었다고는 도저히 믿기 힘들 만큼 거대했다. 상형문자가 빼곡히 새겨진 거대한 사암의 지붕을 엄청난 크기의 돌기둥이 받쳐 들고 있었는데, 줄지어 서 있는 돌기둥 하나하나마다 여인의 얼굴과 소의 귀를 가진 하토르 여신이 조각되어 있었다. 사랑과 풍요의 여신이라는 이름에 걸맞은 아름다운 조각이었다.

"이런 위대한 신전을 정말로 우리 선조들이 지었다니 믿어지지 않아."

신전으로 가기 위해서는 반드시 통과해야만 하는 입구의 주조물을 건너는 클레오의 몸이 감동으로 가볍게 떨렸다. 아인은 클레오의 떨리는 손을 가볍게 잡아 주었다.

클레오가 돌아보자 아인은 빙긋 미소를 지어 보였다.

'떨지 마! 넌 이집트의 그 어떤 파라오보다 더 위대한 여왕이 될 테니까.'

아인의 미소에 힘을 얻은 클레오가 신전을 향해 힘차게 한 걸음 내딛었다. 그 뒤를 다니엘이 말없이 뒤따랐다.

신전 안은 밖에서 봤던 것보다 훨씬 더 아름다웠다.

커다란 돌기둥 십여 개가 줄지어 늘어선 대열주실은 마치 깊은 숲 속에 들어온 듯 착각을 불러일으켰으며, 태양신의 석상이 놓여 있는 방 안은 천장에서 내리쬐는 햇볕을 받아 따뜻한 기운이 감돌았다. 제사를 지내기 위한 공물방은 온갖 신성시되는 물건들로 꾸며져 있었고, 작고 얇은 돌기둥으로 꾸며진 소열주실은 귀엽고 여성스러운 분위기를 풍겼다. 그리고 무엇보다 그들을 감동시킨 것은 바닥부터 높은 천장까지 빠짐없이 그려진 상형문자들과 벽화들이었다. 표정까지 알아볼 수 있을 만큼 정교하게 그려진 벽화는 화려한 색으로 채색되어 마치 살아 움직이는 듯한 착각까지 불러일으켰다.

"너무 멋지다."

아인은 자기도 모르게 감탄을 터뜨렸다.

"그렇게 봐주시니 감사합니다."

이때, 일행의 등 뒤에서 갑작스레 들려온 음성에 아인과 클레오는 깜짝 놀라 돌아섰다. 다니엘 역시 허리에서 칼을 뽑아들고 재빨리 뒤돌아섰다.

"아! 그렇게 경계하지 않으셔도 됩니다."

음성의 주인공은 다름 아닌 흰 신관 복장의 깡마른 노인이었다. 주름이 얼굴 전체를 뒤덮은 노신관은 모래바람 속에 홀로 서 있는 하토르의 신전만큼이나 신비로워 보였다.

"제 소개가 늦었습니다. 저는 14대째 신전을 지키고 있는 맴토스라고 합니다. 오신다는 전갈은 받았지만 도저히 신전을 비울 수가 없어서 마중조차 못 나갔습니다. 부디 용서하십시오."

다니엘이 칼을 거두자 맴토스라고 자신을 소개한 노신관은 양 손바닥을 자신의 가슴에 대고 정중히 허리를 굽혔다.

"저는 여왕도 파라오도 아닌 일개 공주일 뿐이니 신관께서는 너무 예의를 차리지 않으셔도 된답니다."

"하하! 공주님께서는 정말 겸손하시군요."

클레오의 말에 맴토스는 빙긋 웃으며 고개를 들었다.

"기도실은 안쪽에 있습니다. 전통에 따라 왕족들만이 들어갈 수 있

으니 일행 분들께서는 잠시 이곳에서 기다려 주시기 바랍니다."

맴토스는 아인과 다니엘에게 정중히 양해를 구한 뒤 클레오를 안내해 신전 안쪽으로 사라졌다.

"……."

졸지에 단 둘이 남은 아인과 다니엘 사이에 냉랭하면서도 뭔가 어색한 공기가 흘렀다.

"정말요?"

클레오가 기도를 끝내고 아인과 다니엘이 있는 곳으로 돌아오자 맴토스는 기쁜 소식을 전해 주었다. 로마로 도망쳤던 그녀의 아버지 프톨레마이오스 12세가 로마 원로원의 도움을 받아 베레니케와 아르케라오스의 군대와 전쟁을 치르고 있다는 내용이었다.

"전황은 어떻답니까?"

대화를 가만히 듣고만 있던 다니엘이 불쑥 끼어들었다.

맴토스는 빙긋 웃으며 말했다.

"그것까지는 제가 알 수 없죠. 하지만 분명한 사실은 로마 군단은 지상 최강의 군대라는 겁니다."

클레오 역시 고개를 끄덕이며 밝은 표정으로 말했다.

"승리에 대한 확신이 없었으면 전쟁을 일으키지 않으셨을 거야. 돌아가자. 알렉산드리아에 가면 분명 좋은 소식이 기다리고 있을 거야."

클레오는 아인과 다니엘의 손을 잡아당기며 서둘렀다.

선착장에 도착하자 맴토스에게서 전갈을 받은 듯 덴데라의 주민들이 배웅을 위해 기다리고 있었다. 클레오는 그들 모두에게 일일이 감사의 인사를 나눈 후 배에 올랐다. 놀랍게도 배에는 갖가지 음식과 식수, 그리고 신선한 과일이 한 가득 실려 있었다. 덴데라까지 오는 동안 먹을거리로 고생했던 일행은 맴토스의 세심함에 다시 한 번 감사했다.

프톨레마이오스 12세의 귀환에 알렉산드리아는 온통 축제 분위기였다.
"아바마마를 뵈러 가야겠어. 아인과 다니엘도 어서 준비해."
궁전으로 돌아온 클레오는 오랜만에 눈화장과 화려한 장신구로 한껏 치장하고 대전으로 향했다. 아인 역시 평소 아껴 두었던 아름다운 목걸이와 팔찌를 착용했다. 그러자 화려하지는 않지만 이국적인 신비감이 한층 더 빛났다. 그 두 사람의 뒤를 짧은 가죽 갑옷에 얇은 판금 흉갑, 그리고 붉은 망토의 로마식 갑옷을 차려입은 다니엘이 따랐다.
대전에는 이미 많은 사람이 도착해 있었다.
"클레오파트라 필로파토르 타리아 공주님 납시오!"
클레오는 대전 입구에 서서 자신의 등장을 알리는 환관의 목소리에 가볍게 몸을 떨었다. 아인 역시 과거의 기억 때문에 두려웠다.
"어서 오십시오, 공주님."
"다시 뵙게 되어 영광입니다."
하지만 둘의 염려와는 다르게 내전 가득 모인 사람들은 일제히 허리를 굽혀 클레오를 환영해 주었다. 아인과 클레오는 얼떨떨한 기분으로 대전에 들어섰다.
"오오! 클레오파트라 내 아름다운 딸, 어서 오너라."

놀랍게도 황제 또한 황금 옥좌에서 불편한 몸을 일으켜 직접 클레오의 손을 잡아 환영해 주었다.

클레오파트라 뒤편에 서 있던 아인은 의아함을 감출 수 없었다. 불과 몇 년 전까지만 해도 클레오를 구박하던 황제가 이렇게까지 환영해 주다니 믿을 수 없었다. 물론 결과만 본다면 좋은 일이지만 아무래도 수상했다.

"트리파에나와 베레니케가 없는 지금, 네가 나의 장녀란다. 장녀와 장자가 공동으로 통치하는 이집트의 전통에 따라 너는 장차 파라오의 왕비가 될 거다."

황제의 말이 끝나자 클레오의 눈이 놀람으로 떨렸다.

"축하드립니다!"

"축하드립니다, 공주님!"

'클레오가 왕비가 된다고? 여왕이 아니라?'

아인 역시 주변의 환호성을 들으며 의아함과 놀라움으로 눈을 크게 떴다.

4장

로마의 장군 안토니우스 마르쿠스

"제가 장녀라고요? 하지만 베레니케 언니가……?"

클레오는 황제의 말에 당황해서 소리쳤다. 황제는 클레오의 말에 차갑게 코웃음 쳤다.

"베레니케? 그 애는 내 목숨을 노린 반역자일 뿐이야. 반역자에게 줄 것은 죽음뿐! 내일 공식적으로 그 애의 사형을 집행할 것이다. 내 손으로 직접!"

"그, 그런……!"

황제의 말에 클레오가 낮은 비명을 질렀다.

'아버지가 딸을…… 죽인다고?'

아인 역시 하얗게 질려 저도 모르게 비틀거렸다. 곁에 있던 다니엘이 휘청대는 아인의 팔을 재빨리 붙잡아 주었다.

"현명하신 판단! 과연 황제폐하십니다."

"당연히 반역자에게는 단호한 처벌을 하셔야죠. 로마의 도움을 받는 지금이 황권을 강화할 좋은 기회입니다."

아인과 클레오를 제외한 나머지 사람들은 일제히 황제의 단호함과 현명함에 대해 칭찬했다. 아인은 사람들의 잔혹함에 현기증이 날 정도였다.

"나, 그만 방으로 돌아가고 싶어요."

아인은 다니엘의 팔에 의지한 채 애원하듯 말했다. 하지만 한동안 침묵하던 다니엘은 아인의 손을 밀어내며 딱딱한 말투로 거절했다.

"내가 있어야 할 곳은 여기 공주님 곁이야. 돌아가고 싶다면 혼자 가거나 다른 호위병에게 부탁해."

"당신은 정말…… 알았어요!"

아인은 눈물이 왈칵 쏟아지려는 것을 억지로 참으며 돌아섰다. 그리곤 뒤도 돌아보지 않고 대전을 빠져나왔다.

홀로 방으로 돌아오자 비로소 눈물이 쏟아져 나왔다. 아인은 이불을 뒤집어쓴 채 소리죽여 흐느껴 울다가 지쳐 잠이 들었다.

다음 날 아침 일찍부터 클레오와 아인은 알렉산드리아 시내 중심부에 있는 원형 경기장으로 향했다. 왕족과 귀족 전원이 참석하라는 황제의 명령이 있었기 때문이었다.

언제나처럼 다니엘은 클레오의 한 발짝 뒤에서 뒤따르고 있었다. 아인은 고개를 돌려 어젯밤 자신의 부탁을 매몰차게 거절한 그와 눈조차 마주치지 않았다.

도착해 보니 황제와 다른 왕족들은 벌써 경기장이 한 눈에 내려다보이는 황실 지정석에 앉아 있었다. 불안하게 몸을 떨던 클레오는 아인의 손을 한 번 더 꼭 잡은 후 황제의 오른쪽 의자에 앉았다.

황제의 왼쪽에는 장남이자 황태자인 마구스가 앉아 있었는데 이제 8살인 마구스는 클레오가 오거나 말거나 앞에 놓인 설탕 범벅인 과자를 한 움큼씩 마구 먹어 대고 있었다.

잠시 후, 클레오의 바로 뒷자리에 앉은 아인의 옆자리에 큰 키에 청동빛의 갑옷을 입고 핏빛같이 진홍색 망토를 걸친 20대의 로마 장군 한 명이 다가와 앉았다. 아인은 그의 온몸에서 풍겨오는 짙은 술 냄새에 코를 막으며 얼굴을 찡그렸다. 짧게 자른 붉은색 머리에 짙푸른 색

의 눈동자를 가진 그 장군은 아인을 향해 장난스럽게 히죽 웃으며 말했다.

"미안합니다. 아침부터 꽤 고약하죠? 심술 맞은 부하 녀석들이 놔주질 않아서 새벽까지 마셨거든요. 저도 제가 아직까지 살아 있는 게 신기하다니까요."

"오오, 안토니우스 장군! 어서 오시오!"

그의 목소리를 들었는지 자리에 앉아 있던 황제가 벌떡 일어섰다.

"애들아, 인사드려라. 이 분은 나를 도와 반역자들을 물리친 로마의 안토니우스 마르쿠스 장군이시란다."

"클레오파트라입니다."

"아저씨, 몸에서 이상한 냄새나요."

살짝 무릎을 굽혀 예의바르게 인사하는 클레오와는 다르게 아직 어린 아이일 뿐인 마구스는 코를 막으며 투덜거렸다.

안토니우스는 유쾌하게 웃음을 터뜨리며 사과를 했다.

"하하하! 죄송합니다, 왕자님. 그리고 공주님. 제가 초면에 큰 실례를 하는군요."

"하하! 남자라면 그럴 때도 있지. 거기서 그러지 말고 이쪽으로 와서 함께 앉게."

황제는 안토니우스의 손을 잡아 가족석으로 이끌었는데, 공교롭게도 클레오의 바로 옆자리였다.

원형 경기장에서는 전차경기, 창던지기, 마상전투, 그리고 검투사의 시합 등 황제의 귀환을 축하하는 여러 가지 공연이 펼쳐졌다. 운동장을 가득 메운 알렉산드리아 시민들은 오랜만에 벌어지는 축제에 저마다 함성을 지르며 열광했다. 황제와 마구스 역시 응원하는 검투사의 이름을 외치며 축제의 분위기에 취해 있었다. 아인과 클레오만이 그 잔인함에 치를 떨 뿐이었다.

그리고 축제에 관심이 없는 사람이 한 사람 더 있었는데, 바로 로마의 젊은 장군 안토니우스였다. 그는 시종 자신의 옆자리에 앉은 채 미간을 살짝 찌푸린 클레오에게서 눈을 떼지 못하고 있었다.

'저건 분명……!'

아인은 넋을 놓은 채 클레오를 바라보는 안토니우스의 가슴에 새겨진 은색의 독수리 문장을 보며 중얼거렸다. 은독수리 문장은 수많은 로마 군단 중 가장 강한 군단이라는 표시였다.

현재 로마의 가장 강한 군단을 거느리고 있는 것은 현대의 북유럽지역인 갈리아와 영국에 해당하는 브리타니아를 정복한 집정관 율리우스 카이사르였다. 갈리아와의 전쟁 내내 최전방에서 눈부신 활약을 보인 부대가 바로 이 술 냄새를 풍기며 앉아 있는 괴짜 장군이 이끄는 은독수리 군단이었던 것이다.

"우우우!"

아인이 잠시 생각에 잠긴 사이, 축제는 막바지에 이르러 드디어 원형경기장 안으로 양손이 묶인 베레니케가 로마 병사들의 손에 이끌려 들어왔다. 알렉산드리아 시민들은 일제히 일어서 엄지를 아래로 향한 채 베레니케에게 야유를 보내고 있었다.

"언니……!"

하얗게 질린 클레오가 의자 손잡이를 꽉 잡았다. 아인 역시 잠시 후 벌어질 참극에 온몸이 떨려왔다.
곧이어 황제가 자리에서 일어났다. 그리고 짧게 소리쳤다.
"반역자에게 죽음을!"
황제의 말이 떨어지자 로마 병사 한 명이 칼날을 번쩍 치켜 올렸다.
클레오와 아인은 차마 베레니케의 죽음을 보지 못하고 고개를 돌리며 두 눈을 질끈 감았다. 그리고 잠깐의 침묵이 이어졌다. 아인에게 잠깐의 시간은 마치 몇 날 며칠처럼 길게 느껴졌다.
"와아아아아!"
곧이어 들려온 사람들의 열광적인 환호를 들으며 아인은 전날보다 더한 현기증을 느꼈다. 하지만 아인보다 더 충격을 받은 사람은 바로 클레오였다.
"공주님!"
클레오가 짧은 비명과 함께 정신을 잃자마자 아인의 옆자리에 앉았던 다니엘이 순식간에 자리를 박차고 달려 나가 그녀를 안아들었다.

"정신이 들어?"
아인은 간신히 눈을 떠 몸을 일으키는 클레오를 부축해 주고 등 뒤로 푹신한 쿠션을 넣어 주었다.
"행사는 벌써 다 끝났어. 베레니케는 화장되어 나일 강에 뿌려졌어."
아인은 차마 베레니케의 시신이라는 말을 하지 못하고 얼버무렸다. 클레오 역시 아인의 말에 고개만 끄덕였을 뿐 별다른 말이 없었다.

"안 됩니다!"

"그냥 살짝 보고만 간다니까? 정말이야."

"글쎄 안 된다니까요."

이때 문 밖에서 요란한 말소리가 들렸다.

"누구지? 내가 나가서 알아볼 테니 그냥 누워 있어."

아인은 창백한 안색의 클레오를 다시 침대에 눕혀 주고 문 쪽으로 다가갔다.

바로 그 순간 문이 열리며 낮에 경기장에서 보았던 안토니우스가 뛰어들었다. 그의 어깨 너머로 성난 표정의 유모 타쿠하에트가 씩씩거리며 뒤따라오는 것이 보였다.

"아인 아가씨! 저 남자 좀 잡아 주세요! 아무리 막아도 막무가내로 공주님을 뵙겠다며 이 난리를 피우지 뭡니까?"

하지만 안토니우스는 성난 유모의 말은 전혀 신경 쓰지 않는다는 듯 아인을 향해 반갑게 웃었다.

"아! 아가씨는 낮에 봤던 공주의 친구? 나 기억하죠?"

"기억나요. 은독수리 군단의 안토니우스 마르쿠스 장군이셨던가요?"

"하하하! 아가씨 기억력이 대단한데요?"

아인의 대답에 안토니우스는 유쾌한 듯 웃었다. 사람을 절로 기분 좋게 만드는 그런 웃음이었지만 아인의 표정은 좀처럼 풀리지 않았다.

"그런데 이렇게 늦은 시간에 숙녀의 침실을 방문하다니 실례 아닌가요? 아시다시피 이곳은 이집트 공주의 침소, 아무나 드나들 수 없는 곳이랍니다. 더구나 클레오는 지금 누굴 만날 상태가 아니에요. 중요한 일이 아니라면 내일 다시 방문해 주실 순 없는지요?"
 아인의 딱 부러진 말투에 안토니우스는 두터운 커튼으로 가려진 클레오의 침대 쪽을 힐끔 쳐다보고는 머쓱한지 뒷머리를 긁적였다.
 "흠흠! 그렇게 중요한 용건은 없고 아까 쓰러지신 게 걱정돼서 와 본 거죠. 내일 다시 찾아 뵐 테니 오늘은 이거나 좀 전해 주십시오."
 안토니우스는 특유의 시원한 웃음과 함께 등 뒤에 숨겼던 손을 불쑥 내밀었다.
 검으로 단련된 그의 크고 투박한 손에는 한참 전에 꺾은 듯 시들기 시작한 들꽃 몇 송이가 수줍게 들려 있었다.
 "우워어어! 안 돼! 시들어 버렸잖아! 미치겠네. 지금 다시 구해올 수도 없고……."
 안토니우스는 시든 들꽃을 발견하고는 마치 큰일이라도 벌어진 듯 머리를 벅벅 긁어 댔다.
 아인은 피식 새어나오는 웃음을 겨우 참으며 꽃을 받아들었다.
 "주세요. 물에 꽂으면 금세 다시 피어날 거예요."
 "아, 그렇습니까? 그렇다면 다행이구요. 그럼 전 이만!"
 안토니우스는 정말로 다행이라는 듯 가슴을 쓸어내린 후 기운차게 돌아섰다. 그리고는 문 앞에서 팔짱을 낀 채 버티고 서 있던 유모의 뺨에 느닷없이 뽀뽀를 하고는 유유히 휘파람을 불며 방을 나갔다.
 "흐흐흐! 유모, 자주 봅시다."
 그의 엉뚱한 행동에 나일 강의 거친 여인 타쿠하에트가 화들짝 놀라 소리쳤다.

"으악! 저, 저 불한당 같으니!"
아인은 엉뚱한 안토니우스의 행동에 피식 웃음을 지으며 돌아섰다.
"갔니?"
"응. 이걸 주던데?"
클레오에게 돌아온 아인이 안토니우스에게 받은 들꽃을 내밀었다.
"들꽃? 특이한 사람이네."
"그렇지? 조금만 기다려. 금방 꽃병에 꽂아올게."
아인은 빈 화병 하나와 들꽃을 들고 서둘러 정원의 분수대로 향했다.
'이 꽃을 보면서 클레오가 조금이라도 기운을 되찾았으면 좋겠는데……'
아인은 물기를 머금자 다시 풋풋한 향기를 풍기며 피어난 들꽃이 든 화병을 두 손으로 조심스레 들고 돌아섰다. 하지만 미처 앞을 살피지 못하고 누군가와 부딪히고 말았다.
아인이 균형을 잃고 비틀거리는 순간, 손에 들려 있던 화병이 바닥으로 떨어져 요란한 소리를 내며 산산조각 났다.
"이런!"
아인은 당황해서 바닥에 마구 흩어진 들꽃을 주우려 급히 몸을 굽혔다.
"그만 둬."
하지만 그 때 아인의 팔을 억지로 잡아 다시 일으켜 세우는 사람이 있었다. 바로 다니엘이었다.
"놔요! 왜 사람을 잡고 그래요?"
아인은 전날 자신의 부탁을 매몰차게 거절한 서운한 감정이 남아 다니엘의 팔을 힘껏 뿌리쳤다.

"게다가 이 꽃은 클레오가 받은 선물이라고요. 누구 마음대로 그냥 두라 마라 하는 거예요? 쳇! 별꼴이야."

아인이 마구 쏘아붙이자 금발 사이로 얼핏 보이는 다니엘의 눈빛이 서늘하게 빛났다. 그는 아인 쪽으로 한 걸음 다가서며 위협적으로 물었다.

"이 꽃을 누가 가지고 왔는지 알고는 있는 거야?"

"흥! 그럼 내가 직접 받았는데 모를까? 안토니우스가 가져온 꽃이잖아요?"

"그걸 알면서도 그 꽃을 공주님의 방에 두겠다고? 부하의 손을 빌어 공주님의 언니를 직접 죽인 것도 모자라 황제를 조정해 이집트를 속국으로 만들려는 로마의 장군 안토니우스가 가지고 온 이 꽃을 말이야?"

아인은 다니엘의 빈정대는 말에 머리를 한 대 맞은 기분이 되었다. 다니엘은 멍한 표정의 아인에게 한 마디 더 덧붙였다.

"공주님이 무슨 생각을 하는지, 그 로마 장군을 얼마나 두려워하는지 관심조차 없는 네가 공주님의 친구라고? 웃기지 마."

다니엘은 말을 끝내자마자 찬바람을 일으키며 돌아섰다.

'클레오가 안토니우스를 무서워한다고?'

아인은 바닥에 떨어진 들꽃을 내려다보며 한동안 꼼짝도 하지 못했다.

"바보 같으니라고!"

아직까지 멍하니 바닥을 내려다보고 서 있는 아인의 뒷모습을 멀리

서 바라보던 다니엘은 주먹으로 벽을 세게 후려쳤다. 안토니우스에게서 받은 들꽃을 가지고 들뜬 표정으로 달려가는 아인을 발견하고는 자신도 모르게 심한 말을 하고 말았다.

"바보같이!"

그는 치밀어 오르는 화를 참지 못하겠다는 듯 다시 한 번 벽을 세게 쳤다.

밤이 늦도록 아인은 다니엘의 말이 귓가에 맴돌아 잠을 이루지 못했다.

"무슨 일이야?"

저도 모르게 한숨을 쉬었는지 클레오가 건너편 침대에서 이불 밖으로 고개를 내밀며 물었다.

"아, 아니."

아인은 고개를 저으며 얼버무리다가 불쑥 일어나 앉으며 물었다.

"클레오, 안토니우스 장군이 무서워?"

"그가 무서운 게 아니라 베레니케 언니와 형부의 군대를 단숨에 격파한 그의 막강한 군단이 무서운 거야. 그리고 그런 군단을 수없이 거느린 로마가 두렵기도 하고. 그런데 왜 그런 걸 물어?"

클레오 역시 잠이 오지 않는지 일어나 앉으며 반문했다. 그녀의 답을 들은 아인은 미안함에 고개를 푹 숙인 채 중얼거렸다.

"휴우, 난 그런 것도 모르고……. 미안!"

"뭔데 그래? 이아인 너, 무슨 일 있었구나? 빨리 이 언니한테 고백하지 못해?"

아인의 풀죽은 모습에 클레오는 아인의 침대로 재빨리 건너와 옆구리를 간질이기 시작했다.
"빨리 말해! 말할 때까지 괴롭힐 테다!"
"깔깔깔! 그만……. 그만 해! 배 아파!"
클레오의 장난에 한결 마음이 편해진 아인은 조금 전 분수대에서 있었던 일을 이야기해 주었다.
"후후! 그런 일이 있었구나. 안토니우스가 살짝 무섭기는 해도 그가 가지고 온 꽃을 보고 놀랄 정도는 아니야. 내 생각에는 다니엘이 로마 병사들로 가득 찬 궁 안에서 나를 호위하느라 예민해진 것 같아. 네가 이해해."
"어? 으, 응."
"그런데 다니엘이 그렇게까지 한 건 의외네. 날 좋아하나? 하긴, 내가 좀 예쁘긴 하지."
"뭐, 뭐야? 어우, 이 공주병 환자 같으니라고!"
"헤헤! 농담이다, 농담. 네가 하도 시무룩해 있으니까 이 어여쁜 공주님께서 이렇게 실없는 소리까지 해야 하잖아. 게다가 다니엘과 내가 서로 좋아하면 뭐하니? 난 이미 결혼상대가 정해진걸!"
클레오는 결혼 이야기에 갑자기 시무룩한 얼굴이 되었다. 그제야 아인의 머릿속에 라지드 법이라는 황당한 이름의 법이 떠올랐다.
라지드 법이란 현 이집트의 왕조를 연 프톨레마이오스 1세가 만든 법률로, 왕가의 신성함을 유지하기 위해 황제는 반드시 자신의 친족과 결혼해야 한다는 법이었다. 그 법에 따라 클레오는 다음 대의 황제가 될 8살 남짓의 남동생 마구스와 결혼해야 할 처지였다.

물론 마구스와 클레오처럼 나이차가 많이 나는 경우는 명목상의 결혼이 될 가능성이 매우 컸지만 좋아하지도 않는 남동생과의 결혼은 클레오에게도 달갑지 않은 일이었다. 답답한 친구의 현실에 아인은 할 말을 잃었다.

"미, 미안! 나 정말 요즘 내 생각만 하고 있었나 봐."

"네가 미안해 할 것까지는 없어. 정략결혼이야 흔하고 흔한 일인데 뭐. 게다가 나중에 연애하지 말란 법도 없잖아. 나만을 바라보는 훈남 호위병 다니엘과의 로맨스 정도는 나도 꿈꾸고 있다고."

"뭐, 뭐야? 너 정말!"

아인은 한쪽 눈을 찡긋 감아 보이는 클레오를 기가 막힌다는 표정으로 바라보다가 피식 웃음을 터뜨리고 말았다. 상심한 자신을 위로하려는 친구의 진심이 전해졌기 때문이다.

잠시 다니엘과 클레오의 다정한 모습이 떠올라 가슴 한쪽이 아파왔지만 아인은 밝은 얼굴로 자신을 위로하는 클레오를 보며 고개를 저었다.

'내 고민은 클레오가 처하게 될 문제에 비하면 아무것도 아니야.'

잡념을 털어버린 아인은 이 다정하고 아름다운 친구에게 앞으로 더욱 신경을 써야겠다고 다짐했다.

마음이 편해지자 잠이 밀려들었다. 클레오 역시 졸린 지 연신 하품을 했다. 두 소녀는 누가 먼저랄 것도 없이 잠에 빠져들었다.

이른 아침, 아직 잠이 덜 깬 눈을 부비며 두 소녀는 궁 안에 마련된 교육실로 향했다.

다음 대의 공통 통치자가 될 클레오와 마구스의 제왕수업 때문이었는데 엉겁결에 아인까지 참석하게 됐다. 하지만 아인은 다시 밝아진 클레오의 모습에 만족하며 기꺼이 수업에 동참했다.

교육실에 도착하니 나이가 지긋한 학자 몇 명이 기다리고 있었다.

"케헴! 공주님이 먼저 오셨군요. 아직 마구스 왕자님이 도착하지 않으셨으니 공주님도 조금 더 기다려 주십시오."

하지만 한 시간이 지나고, 두 시간이 다 되도록 마구스는 오지 않았다. 기다리다 지친 학자들이 뒤늦게 책을 펼쳤다.

"케헴! 제가 가르칠 과목은 로마의 공용어인 라틴어와 그리스어입니다. 여자라고 예쁘기만 하면 된다는 생각은 버리시고 지루하더라도 필수적으로 배워야 하니 꾹 참고……."

수업에 나선 뚱뚱한 학자가 클레오를 무시하는 듯 거만한 말투로 수업을 시작했다. 장난기가 발동한 클레오가 고개를 끄덕이며 입을 열었다.

"Credo in Deum Patrem omnipotentem; Creatorem coeli et terrae. Et in Jesum Christum, Filium ejus……."

클레오의 말이 길어지면 길어질수록 학자의 눈은 놀라움으로 점점 더 커져갔다. 마치 로마에서 태어난 사람인 듯 유창한 라틴어가 흘러나왔기 때문이었다.

그뿐 아니었다. 학자는 마치 뭐에 홀린 듯 라틴어에 이어 그리스어, 시리아어, 마케도니아어, 유대어, 심지어 고대의 언어까지 유창하게 말하는 클레오를 멍한 눈으로 바라보고 있었다.

다음 수업을 위해 기다리고 있던 다른 학자들 역시 놀란 기색이 역력했다.

"어때요? 이쯤이면 기초는 될까요?"

"……."

"선생님?"

"아! 네! 추, 충분합니다. 충분하고말고요! 더 이상 제가 가르칠 게 없을 정도입니다."

뒤늦게 정신을 차린 풍보 학자는 허둥지둥 교재를 챙겨서 도망치듯 교육실을 빠져나갔다.

다른 과목 역시 크게 다르지 않았는데 수학, 천문학, 고대 신화 등은 클레오가 지난 몇 년간이나 알렉산드리아 도서관에서 세계 최고의 학자들과 머리를 맞대고 연구하던 것으로, 클레오의 지적 수준은 이미 그들을 뛰어넘은 상태였다.

클레오와 아인은 자신들을 무시하던 학자들이 도망치듯 사라지자 통쾌한 웃음을 터뜨렸다.

"하하하! 속이 다 시원하다."

"크크. 그래도 몽땅 다 쫓아 낸 건 좀 심하지 않아?"

아인이 허리를 잡고 웃으면서 말하자 클레오는 아직도 분이 덜 풀린 듯 팔을 걷어 올리며 씩씩거렸다.

"심하긴. 저 사람들 처음 우리를 보는 눈빛 못 봤어? 여자라고 완전 무시하는 눈빛이었잖아. 저런 사람들은 당해도 싸다고."

"당연하죠. 아주 멋지셨습니다."

이때, 누군가 박수를 치며 교육실 안으로 들어섰다. 깜짝 놀란 클레오와 아인이 돌아보니 그는 다름 아닌 안토니우스였다.

"여자라고 무시하면 큰 코 다치죠. 특히나 공주님처럼 아름답고 똑똑한 여성은 말입니다."

"안토니우스 장군!"

클레오는 흠칫 놀라 한 걸음 물러섰다. 안토니우스는 그런 클레오의 모습에 머쓱한지 뒷머리를 긁적였다.

"어어? 공주님 왜 그러십니까? 혹시 제가 무섭게 생겼나요? 이래봬도 제가 부대 인기투표 1등인데……."

"당장 물러나시죠! 공주님께 더 이상의 무례는 용서치 않겠습니다!"

바로 그 순간 안토니우스의 등 뒤에서 날카로운 바람소리와 함께 다니엘의 칼날이 날아들었다. 깜짝 놀란 안토니우스가 급히 바닥을 굴러 아슬아슬하게 그의 공격을 피했다.

"이 애송이가 진짜 사람 열 받게 하네!"

안토니우스는 화가 잔뜩 난 얼굴로 벌떡 일어섰다.

언제 뽑아들었는지 양손에 시퍼렇게 날이 선 짧은 단검 두 자루를 뽑아든 그의 전신에서 섬뜩한 기세가 풍겨 나왔다. 마치 성난 야수와 같은 모습에 조금 전의 장난스러움은 찾아볼 수 없었다.

"애송이 주제에 감히 나한테 덤비다니! 수업료는 무지 아플 테니 각오해 두라고!"

"흥! 이집트의 황궁에서 타국의 병사가 무기를 뽑다니! 각오는 당신이 해야 할 것 같은데?"

안토니우스는 커다란 덩치에 어울리지 않게 날렵한 몸놀림으로 양손의 단검을 자유자재로 휘두르며 다니엘을 압박해 갔다. 다니엘 역시 조금도 물러서지 않고 안토니우스의 전신을 노리며 굳게 잡은 칼을 세차게 휘둘렀다.

둘의 칼날이 공중에서 쉴 새 없이 부딪히자 요란한 굉음과 함께 불꽃이 사방으로 튀었다.

"다니엘! 안토니우스! 둘 다 그만둬요!"

아인과 클레오가 교육실 한쪽 구석에 몸을 피하며 소리를 질러 보았지만 소용없었다. 둘의 공방은 한층 더 과격해져서 정원으로까지 이어졌다.

요란한 싸움 소리에 궁 안에 머물던 로마 병사들과 이집트 병사들까지 잔뜩 몰려들었다.

"엇! 대장이잖아? 아니, 어떤 녀석이 감히 대장한테 덤비는 거야?"

"감히 황궁에서 소란을 일으키다니! 당장 무기를 버리고 무릎을 꿇어라!"

"뭐야? 우리 대장한테 감히 무릎을 꿇으라고? 당장 사과해!"

"흥! 신성한 황궁 안에서 무기를 뽑아든 자는 사형을 당해도 싸다고!"

"사, 사형? 너 말 다했어?"

로마 병사들과 황궁 경비병들은 말다툼을 벌이다 급기야 무기까지 뽑아들었다.

"어떻게 하지? 이대로 싸움이 커져서 양쪽 다 다치거나 죽는 사람까지 나오면 이미 알렉산드리아 전체를 점령한 것과 다름없는 저들이 무슨 짓을 저지를지 몰라."

"설마? 황제가 있고 너도 있는 궁 안에서 무슨 짓을 하려고?"

불안해하는 클레오의 말에 아인이 깜짝 놀라 되물었다.

"설마가 아니야. 너도 알다시피 저들은 로마 최강의 군단, 자부심과 유별난 전우애로 유명하잖아? 누군가 죽기라도 한다면 왕궁을 완전히 전복시킬지도 몰라. 그렇게 되면 우리 이집트는……."

클레오는 불안감에 입술을 꼭 깨물며 대치한 군사들을 바라볼 뿐이었다.

'그, 그럼 뭐야? 클레오가 여왕이 되기도 전에 이집트가 망하기라도 한다는 거야? 안 돼! 절대로 안 돼! 나라도 나서서 이 싸움을 말려야 해!'

아인이 뭔가 결심한 듯 주먹을 꽉 쥐고 허공에서 치열하게 칼을 맞부딪히는 다니엘과 안토니우스를 향해 성큼성큼 다가가기 시작했다. 가까이 다가갈수록 서릿발처럼 서늘한 살기에 살을 베일 듯했지만 아인은 멈추지 않았다.

"어어~!"

"머, 멈춰!"

어느새 다가온 아인이 치열하게 맞부딪히는 칼날을 맨손으로 잡으려는 듯 양 팔을 뻗어오자 놀란 안토니우스와 다니엘은 급히 몸을 틀어 칼의 방향을 바꾸었다. 하지만 너무 갑작스런 일이라 다니엘과 안토니우스의 칼날은 각각 아인의 어깨와 팔뚝을 스치고 말았다.

"아인!"

놀란 클레오가 피를 흘리는 아인을 향해 달려왔다.

"아인, 괜찮아? 빨리 의사를 불러라! 어서!"

"난 괜찮아. 이 사람들 설마 또 싸우진 않겠지?"

클레오의 부축을 받으며 일어선 아인이 몰려든 이집트와 로마의 병사들을 돌아보며 물었다. 안토니우스와 다니엘을 비롯한 많은 병사들은 아인의 질문에 머쓱해졌는지 얼굴을 붉히며 고개를 저었다.

"느닷없이 공격해서 미안합니다."

"흠흠! 나, 나야말로 멋대로 궁 안을 휘젓고 다녀서 미안해. 이 녀석들아, 병영에 있어야 할 것들이 왜 여기까지 온 거야? 어서 돌아가지 못해!"

다니엘의 정중한 사과에 안토니우스는 뒷머리를 긁적이다가 머쓱해졌는지 모여든 로마 병사들에게 소리를 지르며 허둥지둥 정원을 빠져나갔다. 그러자 이집트 병사들 역시 뿔뿔이 흩어졌다.

"일이 더 커지기 전에 마무리돼서 다행이다. 그치?"

정원에 클레오와 다니엘만 남자 아인은 그제야 긴장이 풀렸는지 바닥에 주저앉으며 물었다.

"너 정말……."

클레오는 양 팔에 피를 흘리면서도 희미하게 웃는 아인을 기가 막힌다는 듯 바라보다가 결국 같이 웃고 말았다.

"다니엘, 이 바보를 의사에게 데려다 줘요."

클레오의 말에 다니엘이 아인을 가볍게 안아 들었다. 눈을 감은 아인의 귓가에 두근거리는 다니엘의 심장박동이 들려왔다.

다니엘과 안토니우스의 결투를 말린 후 아인은 알렉산드리아 궁 안에서 일명 '강철의 심장을 가진 여인'으로 통했다.

아인은 그 별명이 마음에 들지 않았지만, 클레오는 그 별명을 들을 때마다 뭐가 그리 재밌는지 연신 키득거리기 바빴다.

"크크크! 강철 여인이라! 푸하하핫!"

"야, 듣는 나도 좀 생각해 주지?"

"크하하하! 미, 미안. 하지만 들을 때마다 너무 웃겨서……. 크크큭!"

교육실로 향하던 클레오는 아예 바닥에 주저앉아 허리를 잡고 한참을 웃어 댔다. 아인이 돌아보니 언제나처럼 클레오의 뒤를 따르던 다니엘 역시 윗입술을 꼭 깨물고 있는 것이 웃음을 참고 있는 것 같았다.

아인은 한숨을 푹 내쉬며 투덜댔다.

"그래. 웃어라, 웃어."

교육실에는 어제와 마찬가지로 이미 몇 명의 학자들이 도착해 있었다. 어제의 일이 알려진 듯 학자들은 잔뜩 긴장한 표정이었다.

아인과 클레오는 웃음을 참으며 자리에 앉았다.

이때 문이 열리며 뚱한 표정의 마구스가 훈육관인 환관 포티우스의 손에 끌려 들어왔다.

"싫어! 싫다니까! 난 공부 싫어어~! 오늘은 공놀이 하는 날이란 말이야!"

"왕자님, 딱 한 시간만 하시는 거랍니다. 공놀이는 공부가 끝난 후에 실컷 하실 수 있잖습니까?"

"싫다니까! 지금 놀고 싶다고!"

포티우스가 한 시간여에 걸쳐 마구스를 진정시킨 후에야 간신히 수업을 진행할 수 있었다.

"에에! 오늘은 군사학과 국제정세에 대해 공부하실 차례입니다. 이집트는 시리아와 유대, 그리고 지중해를 건너 막강한 군사대국 로마와……."

"하암~ 지루해."

하지만 어렵사리 시작된 수업은 깃털 펜으로 양피지에 낙서를 하며 투덜대다가 책상에 엎드려 잠이 든 마구스 때문에 중단되었다. 당황한 포티우스가 마구스의 어깨를 흔들었지만 소용없었다.

"도서관?"

"응. 도서관에 가자고. 학자들이 교육실에 가지고 오는 책들은 예전에 다 읽어본 책들이라 재미가 없더라고. 내가 직접 책을 고르는 게 낫겠어."

"너, 그러다 미움 받는다."

"하하하! 강철의 여인이 내 친구인데 누가 감히 날 미워하겠니?"

수업이 끝나자 클레오는 아인의 손을 끌고 궁을 나섰다. 둘 다 두껍고 기다란 망토로 온몸을 가리고 하늘하늘한 천으로 얼굴을 가려 눈만 겨우 내놓은 모습이었다.

오랜만에 나온 알렉산드리아 광장 시장은 여전히 발 디딜 틈도 없을 만큼 분주하고 복잡했다. 아인과 클레오는 이것저것 신기한 물건들도 구경하고 맛있는 먹을거리도 먹어 보며 천천히 시장을 가로질렀다. 둘의 한 발짝 뒤에는 언제나처럼 다니엘이 뒤따르고 있었다.

"조심해!"

이때 시장 한복판의 좁은 길로 한 무리의 병사들이 거칠게 말을 달려왔다. 다니엘이 재빨리 아인과 클레오의 팔을 바짝 당겨 비켜섰고, 시장 상인들 역시 물건이 가득 쌓인 좌판을 버려둔 채 길 양쪽으로 허둥지둥 도망쳤다.

잠시 후, 병사들이 지나가자 상인들이 하나둘 자리로 돌아왔다. 하지만 좌판에 쌓여 있던 과일과 고기, 비단 등은 이미 말발굽에 짓밟혀 엉망이 된 후였다.

"일 년 농사가 헛일이 되었구나. 이를 어쩔꼬! 내년에 뭘 먹고 살라고……."

"아악! 내 비단! 전 재산을 투자한 물건인데. 아이고, 난 망했다!"

바로 이때, 상인들의 불만에 찬 원성 사이에서 날카로운 비명이 터져 나왔다.

"꺄악! 로투스! 다리가 부러졌나 봐! 누가 의사 좀 불러 줘요!"

놀란 아인과 클레오가 다가가 보니 말발굽에 밟혀 부러진 다리를 붙잡고 신음하는 소년을 얼싸안고 울부짖는 어린 소녀가 보였다.

아인과 클레오는 소년 쪽으로 한 발짝 다가서려 했다.

"이게 다 도시 한복판까지 로마 병사들을 불러들인 황제 때문이야. 하루 이틀도 아니고 매번 로마 병사 때문에 우리 아이들이 다치잖아."

"맞아. 능력이 없으면 그냥 로마에 있을 것이지."

몰려든 상인들이 소리를 높여 황제를 욕하자 마음이 불편해진 아인이 클레오의 팔을 당겼다.

"클레오, 어서 도서관으로 가자."

"아니. 이대로 도망치듯 떠날 수는 없어."

클레오는 아인의 손을 가볍게 뿌리치며 다친 소년을 향해 한 걸음 다가섰다.

"여러분, 다친 아이는 황제의 주치의가 직접 치료할 테니 아무 걱정 마십시오. 여러분의 금전적 손실 역시 전액 황실에서 배상하고 앞으로는 이런 일이 다시는 없도록 로마의 장군과……."

"뭐야, 너 왕족이야?"

"로투스를 왕실 주치의가 치료한다고? 그럼 며칠 전에 다친 우리 딸도 치료해 줘!"

"왕족? 너 잘 만났다! 어디 너도 똑같이 한 번 당해 봐!"

클레오의 말이 끝나기도 전에 성난 상인들이 한꺼번에 몰려들자 놀란 다니엘이 다급히 클레오의 앞을 막아섰다.

"물러서라! 이분은 황제의 장녀이신 클레오파트라 공주님이시다!"

하지만 아무리 다니엘이라도 백여 명에 달하는 성난 군중을 상대하긴 역부족이어서 일행은 순식간에 시장의 중심부에 위치한 단상까지 떠밀려 갔다.

높은 단상에 올라 주변을 둘러보니 어느새 성난 군중은 알렉산드리아 광장을 가득 메울 정도로 늘어나 있었다. 일행의 얼굴이 절망으로 어두워졌다.

"비켜라! 클레오파트라 공주! 공주님!"

바로 이때 커다란 함성을 지르며 말을 몰아오는 한 사람이 보였다.

아인은 그를 발견하자마자 양 팔을 흔들며 소리쳤다.

"안토니우스 장군! 여기예요, 여기! 이쪽이라고요!"

안토니우스 역시 아인을 발견한 듯 말머리를 돌려 일직선으로 달려왔다.

로마의 장군을 발견한 군중은 더욱 분노해서 앞을 막으려 했지만 오랜 기간 전쟁터를 누빈 노련한 장군을 이겨내기에는 역부족이었다.

"궁까지 모셔다 드릴 테니 빨리 말에 오르십시오, 공주님."

커다란 방패로 물살을 가르듯 다가온 안토니우스는 성난 군중을 뚫고 클레오를 향해 손을 내뻗으며 다급히 말했다. 하지만 클레오는 선뜻 그의 손을 잡지 못하고 망설였다. 안토니우스의 말 위에는 단 한사람밖에 탈 수 없었던 것이다.

클레오의 갈등을 눈치 챈 아인이 클레오의 등을 떠밀었다.

"내 걱정 말고 어서 가. 클레오 너의 안전이 무엇보다 중요해."

"맞습니다. 아인은 제가 목숨을 걸고 지킬 테니 공주님은 어서 말에 오르십시오."

안토니우스라면 칼부터 뽑아들었던 다니엘 역시 클레오의 등을 떠밀었다.

"조심해, 아인! 다니엘, 아인을 꼭 안전하게 지켜줘야 해! 알았지?"

말이 달리기 시작하자 안토니우스의 허리를 꼭 잡고 매달리듯 말에 오른 클레오가 뒤를 돌아보며 소리쳤다.

"우리도 가요!"

클레오를 태운 말이 멀어지자 다니엘과 아인도 서둘러 클레오가 사라진 반대 방향으로 뛰기 시작했다.

"저기 로마 장군과 공주가 간다!"

"저기도 간다! 잡아!"

성난 군중은 두 무리로 나뉘어 한 무리는 클레오와 안토니우스의 뒤를, 다른 한 무리는 아인과 다니엘을 뒤쫓았다.

아인은 바로 등 뒤까지 따라붙은 상인들을 피하기 위해 필사적으로 달렸다.

"이리로!"

아인은 다니엘이 이끄는 대로 복잡한 알렉산드리아 골목을 이리저리 꺾으며 달렸다. 하지만 치렁치렁한 치마와 샌들 때문에 속도가 나지 않았다. 더구나 자신들을 뒤쫓는 상인들은 평생 이곳에서 나고 자라 온, 거미줄처럼 얽힌 골목을 직접 만들어 온 주민들이었다.

"꺄악!"

골목과 골목이 만나는 지점에서 한 무리의 성난 상인들과 맞닥뜨린 아인은 제자리에 급하게 멈춰 서며 비명을 질렀다. 상인들은 자신들만이 아는 지름길을 이용해 순식간에 아인과 다니엘을 추월해 버린 것이다.

"설마 알렉산드리아 뒷골목에서 우리를 따돌릴 수 있다고 생각한 건 아니겠지?"

당황한 아인과 다니엘은 급히 몸을 돌려 자신들이 왔던 방향으로 돌아섰지만 그쪽에서도 역시 성난 군중이 몰려들고 있었다.

앞뒤로 자신들을 포위한 채 점점 다가오는 성난 군중을 바라보던 아인은 자신도 모르게 다니엘의 옷자락을 꼭 붙들었다.

칼을 틀어쥔 다니엘의 손바닥에 식은땀이 고였다. 등 뒤에서 가늘게 떨고 있는 아인의 떨림이 그대로 전해 왔다.

'어떻게든, 어떻게든 지키겠어!'

"흐흐흐. 그까짓 칼 한 자루로 우리 모두를 상대하겠다고?"

"어디 한 번 발악해 보시지!"

어느새 코앞까지 다가선 상인들은 그런 다니엘의 결심을 비웃듯 단검, 낫, 괭이 등을 무기로 삼아 일제히 덤벼들었다.

"꺄악!"

아인이 날카로운 비명을 지른 것과 동시에 다니엘의 칼이 허공으로 날아올랐다.

"으악! 내 다리!"

"으윽! 내 팔!"

다니엘의 칼이 번뜩일 때마다 상인들 사이에서 비명이 터져 나왔다. 부상을 당한 상인들은 저마다 무기를 떨어뜨리고 바닥으로 쓰러졌다. 그렇게 쓰러진 사람이 십여 명으로 늘어나자 상인들의 기세가 한풀 꺾이며 뒤로 주춤 물러섰다.

"헉헉~! 그만 우리를 보내 주세요. 이대로라면 더 많은 사람이 다칠 뿐입니다."

다니엘 역시 여기저기 크고 작은 상처를 입은 채 가쁜 숨을 고르며 말했다. 하지만 동료들이 다치는 장면을 목격한 상인들은 한층 더 분노할 뿐 다니엘의 말을 들을 생각조차 하지 않았다.

"감히…… 우리 아버지를 다치게 하다니! 죽여 버릴 테다!"

상인들 사이에서 한 청년이 커다란 괭이를 치켜들고 달려들었다. 그것을 신호로 한 걸음 물러났던 상인들 역시 덤벼들었다. 다니엘은 다시 한 번 있는 힘껏 칼을 휘둘렀지만 부상과 피로 때문에 아까보다 훨씬 무겁게 느껴졌다.

"아악! 다니엘, 조심해요!"

이때 아인의 찢어질 듯한 비명소리에 흠칫 고개를 돌린 다니엘이 눈을 부릅떴다. 맹렬한 바람을 일으키며 자신의 머리를 향해 날아드는 커다란 칼날을 발견했기 때문이었다. 완전히 피하기엔 너무 늦은 시간, 다니엘은 이빨을 악물며 급히 몸을 틀었다.

한쪽 어깨 깊숙이 칼날이 박힌 다니엘이 피를 흘리며 비틀거리자 흥분한 상인들은 더욱 광분했고, 다니엘 전신에는 점점 더 많은 상처가 생겼다.

"다니엘!"

다니엘이 부상을 당할 때마다 비명을 지르느라 아인의 목이 쉴 정도였다. 하얗던 옷이 새빨갛게 변한 다니엘 역시 아인의 비명을 들었는지 아인을 돌아보며 말했다.

"어떻게든 길을 열 테니 아무 걱정하지 마."

힘겹게 중얼거리는 다니엘을 보며 아인은 끝내 울음을 터뜨렸다.

"으흐흑! 제발 조심해, 다니엘!"

"죽어라! 더러운 황실의 경비병!"

퍼억!

바로 그 순간, 누군가가 휘두른 몽둥이가 다니엘의 뒤통수에 정통으로 꽂혔다. 동시에 외로운 사자처럼 용맹하게 싸우던 다니엘도 모든 동작을 멈추고 눈을 크게 떴다. 다니엘이 커다래진 눈으로 아인을 돌아보았다.

몇몇 상인들에게 붙잡힌 아인이 자신을 향해 눈물을 뿌리며 무어라 소리쳐 대고 있었지만 다니엘의 귀에는 아무 소리도 들리지 않았다.

'구해야 하는데……. 아인을 꼭 구해야만 하는데…….'

다니엘은 아인을 향해 걸어가려고 했지만, 생각만 가능할 뿐 그의 몸은 앞쪽으로 힘없이 쓰러졌다.

쿠웅!

마침내 다니엘이 정신을 잃고 땅바닥에 쓰러지자 그 위로 성난 상인들의 무자비한 발길질이 이어졌다.

"다니엘!"

아인이 비명을 지르며 다니엘에게 달려가려고 했지만 상인들에게 붙잡혀 꼼짝도 할 수 없었다. 덩치 큰 상인이 발버둥치는 아인을 아예 어깨에 짊어지고는 골목 안쪽의 조그만 창고를 향해 빠르게 걸어갔다.

"조용히 해! 넌 노예 상인에게 비싼 값에 팔아 주마."

"아악!"

좁고 어두운 창고 바닥에 내동댕이쳐진 아인은 아픔으로 비명을 질렀다. 하지만 곧 벌떡 일어나 필사적으로 잠긴 문을 두드렸다.

"내보내 줘요! 돈이라면 얼마든지 줄 테니까 제발 우리를 보내 줘요. 저대로 두면 다니엘은…… 제발! 흑흑!"

아무리 소리를 질러도 반응이 없자 아인은 문에 기댄 채 오열했다.
'아아! 어떻게 하지? 이대로 죽는 걸까?'
울다 지친 아인은 어둡고 차가운 석실 바닥에 주저앉아 버렸다.
마녀로 몰려 런던탑에 갇히기도 했고, 프로이센의 전쟁광 프리드리히의 인질이 되어 보기도 했지만 그때는 언제라도 다니엘이 구하러 와 줄 것이라는 희망이 있었다. 하지만 바로 눈앞에서 피를 흘리며 죽어가던 다니엘을 보았기에 지금은 더더욱 절망적일 수밖에 없는 아인이었다.
이때 문 밖에서 소란스런 소리가 들려왔다. 문에 귀를 댄 아인은 누군가 다시 심하게 격투를 벌이는 소리를 들었다.
마침내 굳게 잠긴 문의 빗장이 벗겨지는 소리가 들리자 겁에 질린 아인은 창고 안쪽으로 뒷걸음쳤다.
"아인!"
"다니엘!"
문이 열리면서 석실 안으로 뛰어든 사람은 놀랍게도 온몸에 피칠을 한 다니엘이었다. 다니엘이 아인을 향해 손을 내밀며 다급히 외쳤다.
"빨리!"
창고 밖에는 아인을 지키던 상인들이 쓰러져 있었다.
"타!"
놀랄 사이도 없이 아인은 다니엘이 끌고 온 말 등에 올라탔다. 다니엘 역시 아인의 바로 뒤에 올라타 고삐를 당겼다. 자신의 어깨를 감싸 안은 다니엘에게서 전해지는 온기에 아인은 비로소 안도의 한숨을 내쉬었다.

 하지만 아인의 도주를 알아챈 상인들이 이내 함성을 지르며 쫓아오기 시작했고, 다니엘은 필사적으로 말을 몰아 시장 통을 벗어났다.

 곧장 궁으로 돌아가려 했지만 소요사태는 이미 큰 폭동으로 변해 궁으로 가는 길을 완전히 가로막고 있었다. 다니엘과 아인은 할 수 없이 막 붉은 노을에 물들기 시작한 서쪽으로 말을 몰았다.

 아인이 힐끔 돌아보니 알렉산드리아는 점점 더 멀어지고 있었다.

 히히힝~~!
 "으아악!"
 무언가에 놀란 말이 앞발을 높이 쳐들고 몸부림치는 바람에 완전히 탈진해 말 위에서 꾸벅꾸벅 졸고 있던 아인과 다니엘은 그대로 바닥으로 처박히고 말았다.

 땅바닥에 머리부터 처박히며 아인은 이렇게 머리가 깨져 죽는구나, 생각했지만 푹신한 모래 위로 떨어지는 바람에 큰 부상은 당하지 않았다.

 "아파…… 가 아니라 웬 모래?"

 모래 바닥에 주저앉아 아인은 잠시 어리둥절해했다. 하지만 자신들을 버리고 막 해가 지는 어둑하고도 광활한 사막 저 편으로 신나게 달아나는 말을 발견하고는 벌떡 일어서 소리쳤다.

 "안 돼! 돌아와! 다니엘, 좀 일어나 봐요! 말이……!"

 제자리에서 펄쩍펄쩍 뛰던 아인은 다니엘을 돌아보는 순간 깜짝 놀라고 말았다. 온몸에 피딱지가 엉겨 붙은 다니엘이 식은땀을 줄줄 흘리며 부들부들 떨고 있었기 때문이다. 방금 전 말에서 떨어진 충격으로 어깨의 상처가 다시 벌어졌는지 빨간 핏물이 배어 나오고 있었다.

"다니엘! 정신 차려요!"

정신을 잃고 신음하는 다니엘의 몸은 불덩이처럼 뜨거웠다. 아인은 어찌할 바를 모른 채 무수한 별들이 쏟아질 것만 같은 사막의 밤하늘을 향해 외쳤다.

"누가 좀 도와줘요!"

아인의 발밑이 푹 꺼져든 것은 바로 그 때였다.

반사적으로 다니엘을 꽉 끌어안은 아인은 비명을 내지르며 모래 속으로 빠져 들어갔다.

"꺄아아악!"

5장

사막으로 사라진 아인

"아직도 안 돌아왔다고?"

클레오는 유모 타쿠하에트의 말에 깜짝 놀라 외쳤다. 성난 군중을 피해 헤어진 아인과 다니엘이 밤이 늦도록 돌아오지 않고 있었던 것이다.

"안 되겠어! 내가 직접 찾아 나서야겠어!"

"아이고! 이 밤중에 밖에 나가셨다가 또다시 무슨 험한 꼴을 당하시려고요! 절대 안 됩니다! 아인 아가씨한테는 미안한 일이지만 공주님께서 두 번 다시 그런 위험한 일을 겪게 할 수는 없어요. 이 늙은이는 낮의 일만 떠올리면 아직도 심장이 터질 것만 같다니까요."

타쿠하에트는 클레오의 허리를 꽉 껴안고는 눈물을 뚝뚝 흘렸다. 클레오는 이러지도 저러지도 못하고 서 있었다.

이때 누군가 문을 두드리는 소리가 들렸다.

"잠시 실례하겠습니다."

들어온 사람은 로마의 장군 안토니우스였다.

그는 로마식 갑옷이 아니라 이집트의 서민들이 즐겨 입는 거친 아마포로 만든 옷을 입고 있었다. 거기에 큼직한 천을 둘둘 만 터번까지 두르고 있어 얼핏 보아서는 영락없는 이집트의 서민처럼 보였다.

그는 타쿠하에트에게 붙잡힌 클레오를 발견하고는 피식 웃음을 터뜨렸다.

"이런! 저 말고도 공주님 극성팬이 한 명 더 늘었군요."

"장군, 이런 시점에 농담이 나와요? 농담하려고 온 거면 당장 나가요."

가뜩이나 아인에 대한 걱정으로 신경이 날카로운 클레오가 소리를 지르자 안토니우스는 뒤통수를 긁적이며 대답했다.

"아아, 그렇게 노려보지 마세요. 이래봬도 공주님 친구 분에 대한 소식을 알아왔단 말입니다. 부하 한 명이 다니엘과 아인이 말을 타고 알렉산드리아를 빠져나가는 걸 목격한 사람을 찾았습니다. 그런데……."

"그런데 뭐죠? 무슨 일이 있었던 거죠?"

"그 사람 말로는 둘 중 한 사람이 피투성이가 될 정도로 큰 부상을 입었다는군요. 게다가 둘이 타고 갔던 말이 아무도 태우지 않은 채 돌아왔다는 것도 좀 걱정스럽고요."

"아아! 아인이 다쳤으면 어떻게 해? 아니, 다니엘이 다쳤으면 어쩌지? 설마 둘 중 어느 한 사람이라도 잘못된다면 난……."

클레오는 절망적인 표정이 되어 중얼거렸다. 이때 안토니우스가 손가락을 튕기며 말했다.

"아, 그렇지! 지금 알렉산드리아 광장 주변으로 탐문을 나갈 생각인데 혹시 공주님께서도……."

"같이 가요! 저도 가고 싶어요!"

"절대 안 됩니다!"

안토니우스의 말이 끝나기도 전에 클레오와 타쿠하에트가 동시에 외쳤다.

타쿠하에트는 하얗게 질린 얼굴로 클레오를 극구 만류했지만 이번만큼은 클레오의 의지를 꺾을 수 없었다. 시녀의 옷을 빌려 입고 커다란 망토까지 눌러쓴 클레오가 성큼성큼 먼저 방을 나서 버리자 타쿠하에트는 클레오를 따라 나가려던 안토니우스의 앞을 막아서고는 매섭게 노려보며 말했다.

"당신! 어쩌자고 공주님을 부추겨서 이런 위험을 자처하게 만들어 옷! 만에 하나 우리 공주님 머리카락 한 올이라도 다치기만 해 봐. 내가 당신을 산 채로 미라로 만들고야 말 테니까."

"그런 걱정은 하지 마요, 유모. 이 목숨 바치는 한이 있더라도 반드시 공주님을 지킬 테니."

안토니우스는 평소의 장난스러운 웃음을 싹 지우고 진지한 얼굴로 약속했다.

"살려줘요! 누가 좀 도와줘요!"

정신을 잃은 다니엘을 양팔로 꽉 껴안은 아인은 목이 쉬어라 소리를 질러 댔다. 하지만 아무리 소리를 질러도 사람의 기척이라고는 찾을 수 없었다. 그러는 사이 아인과 다니엘의 몸은 벌써 허리까지 모래 수렁 아래로 끌려 들어가고 있었다.

"흑흑! 클레오……."

별이 총총한 밤하늘을 절망적으로 올려다보는 아인의 눈에서 자기도 모르게 눈물이 주룩 흘러내렸다.

바로 이때 밤하늘을 가르며 굵은 밧줄이 날아들었다. 아인은 필사적으로 한쪽 팔을 뻗어 밧줄을 팔목에 단단히 감아쥐었다. 이윽고 밧줄이 당겨지면서 아인과 다니엘은 모래 수렁에서 조금씩 벗어날 수 있었다.

딱딱한 바닥에 발이 닿자 그제야 아인은 안도의 한숨을 길게 내쉬었다. 감사의 인사를 하기 위해 몸을 일으킨 아인은 그제야 자신의 목숨을 구해 준 이들이 염소와 낙타를 몰고 사막을 오가는 사막의 유목민

부족임을 알아보았다.

"구해 주셔서 정말 고맙습니다."

아인이 고개 숙여 감사의 인사를 하자 부족의 부족장으로 보이는, 나이 지긋한 여인이 미소를 지으며 한 발 앞으로 나섰다. 그리고는 그들만의 언어로 짧게 뭐라고 말을 하며 손을 휘휘 저었다. 비록 알아들을 수는 없었지만 별일 아니니 신경 쓰지 말라는 겸양의 표현인 것 같았다.

아인은 다시 한 번 고개를 푹 숙여 보이고는 다니엘의 곁에 주저앉았다.

"다니엘! 정신 좀 차려 봐요."

아직도 정신을 못 차린 다니엘에게 손을 대던 아인은 깜짝 놀랐다. 그의 몸이 불덩이처럼 뜨거웠기 때문이다.

다니엘의 어깨를 흔들며 어쩔 줄 몰라 하는 아인을 가만히 바라보던 부족장은 일행을 향해 가볍게 손을 흔들었다. 그러자 건장한 남자 몇 명이 우르르 몰려들어 다니엘의 상처에 약초를 바르고 붕대로 감싸는 등 일사분란하게 응급조치를 해 주었다. 그러더니 다니엘을 번쩍 들어 올려 자신들의 짐마차 한쪽에 조심스럽게 눕혀 주기까지 했다.

부족장은 아직도 충격이 가시지 않아 멍하니 서 있는 아인을 다니엘이 누워 있는 마차로 인도했다. 아인은 유목민들의 호의와 온정에 감사하며 마차에 올랐다.

열이 떨어진 다니엘의 숨소리가 한층 편안해졌음을 확인한 아인도 마차의 기분 좋은 흔들림에 몸을 맡기며 서서히 잠에 빠져들었다.

다니엘은 귓가에 울리는 누군가의 낭랑한 웃음소리에 잠에서 깨어났다.

눈을 떠 보니 정신을 잃기 직전 고열에 시달린 기억이 거짓말인 것처럼 온몸이 시원했다. 고개를 돌리자 어깨의 상처가 향긋한 약초냄새가 배어 있는 붕대로 깔끔하게 싸매져 있는 것이 보였다. 의아해진 다니엘이 한쪽 팔을 짚으며 몸을 일으켰다.

그러자 야자수로 둘러싸인 작은 오아시스에서 낙타와 말에게 물을 먹이고 있는 유목민들이 보였다. 그리고 그 옆 얕은 물가에서 유목민 아이들과 천진하게 물장난을 치는 아인의 모습도 볼 수 있었다.

아인은 다니엘이 깨어난 것도 모른 채 아이들과 물을 뿌리며 신나게 놀고 있었다.

"내 참! 누군 죽을 뻔했는데 잘도 뛰어 노네. 강아지냐?"

못마땅한 듯이 투덜댔지만 아인의 밝은 얼굴을 바라보는 다니엘의 입가에는 슬며시 미소가 걸렸다. 그 순간 고개를 돌리던 아인의 눈과 다니엘의 눈이 허공에서 딱 마주쳤다.

"어? 다니엘, 일어났군요!"

아인이 다니엘을 향해 팔을 흔들며 달려왔다. 그러다가 발이 꼬였는지 넘어져 그만 물에 첨벙 빠지고 말았다.

"큭큭! 여전히 칠칠치 못하다니까. 도대체 어떻게 하면 발목까지 오는 물에서 빠질 수 있지?"

얕은 물가에 빠져 허우적거리는 아인을 보며 다니엘은 참으로 오랜만에 유쾌하게 웃을 수 있었다.

그 후로 아인은 유목민들과 오아시스에 머물며 다니엘의 부상을 치료하는 데 전념했다. 항상 근엄하고 진지하던 다니엘의 새로운 모습을 발견할 수 있었던 오아시스에서의 며칠은 소풍처럼 느껴질 정도로 즐거운 시간이었다.

그리고 이라스와 카르미온이라는 새로운 친구들도 사귀었는데, 12세의 밝고 아름다운 소녀들이었다. 약간 더듬거리기는 하지만 둘 다 라틴어와 이집트 공용어를 할 줄 알아서 아인은 그들과 함께 알렉산드리아에 대한 이야기며, 친구 클레오에 대한 이야기로 매일 밤을 하얗게 지새웠다.

하지만 다니엘의 상처가 눈에 띄게 호전되자 아인은 아쉬움을 뒤로 하고 부족장에게 알렉산드리아로 돌아가고 싶다는 뜻을 전했다. 자신을 애타게 기다릴 클레오가 걱정이 되어서였다. 부족장은 처음 만났을 때처럼 아무 말 없이 따뜻한 미소로 고개를 끄덕여 주었다.

그날 밤, 아인과 다니엘은 유목민들이 열어 주는 환송잔치에 참석했다. 모두들 신나게 춤을 추고 노래를 부르며 맘껏 놀았다. 한창 분위기가 무르익자 이라스는 선물을 준비했다며 아인을 자신의 천막으로 데리고 갔다.

"이 옷을 입으라고? 너무 화려한데?"

아인은 이라스가 건네주는 옷을 받으며 살짝 난처한 얼굴이 되었다. 온통 새빨간 천에 황금색 실로 커다란 꽃이 수놓아진 그 옷은, 너무 유치하고 튀어 보였던 것이다. 하지만 이라스는 아인에게 자꾸만 옷을 권하며 짧은 공용어로 말했다.

"선물. 선물. 축하 선물."

"축하 선물? 아! 알렉산드리아로 돌아가는 걸 축하한다는 거구나? 그렇다면 기꺼이 입겠어!"

평소 알렉산드리아를 동경하던 이라스의 성의를 더 이상 거절하지 못한 아인은 붉은 의상으로 갈아입었다. 밖으로 나와 보니 카르미온이 난감해 하는 다니엘의 목에 화려한 붉은색 목도리를 억지로 걸어주고 있었다.

"다니엘도 선물공세에는 별수 없나 봐요. 봐요, 나도 받았어요. 잘 어울려요?"

아인은 다니엘 앞에서 붉은 옷의 치마를 잡고 한 바퀴 핑그르르 돌며 물었다. 그러자 다니엘이 얼굴을 붉히며 고개를 푹 숙였고, 주변에 몰려 있던 유목민들이 일제히 웃음을 터뜨렸다.

"갑자기 왜들 저러지?"

아인은 고개를 갸웃했다.

"너 지금 그걸 몰라서 묻니? 어유, 내가 말을 말아야지."

다니엘이 답답한 듯이 가슴을 쿵쿵 두드렸다.

이때 카르미온이 아인에게 커다란 청동 잔에 담긴 시원한 음료를 건네주며 말했다.

"마셔. 축하의 의미!"

마침 목이 말랐던 아인은 친구의 친절에 감사하며 그것을 단숨에 쭉 들이켜 버렸다. 놀란 다니엘이 급히 팔을 뻗었지만 이미 잔은 텅 비어 버린 후였다.

"너, 너 그게 뭔 줄이나 알고 마신 거야?"

"그냥 음료수잖아요? 어라, 그런데 내 몸이 왜 이러지?"

갑자기 밤하늘의 별이 일제히 쏟아지고, 땅바닥이 핑글핑글 회전하는 느낌이었다. 다니엘이 재빨리 잡아주지 않았다면 그대로 땅바닥에 얼굴을 박을 뻔했다.

"고마워~요. 근데 이 음료수 이름이 뭐예요? 무지 달콤하고 맛있는데! 또 무지 어지럽네?"

"멍충아! 술이야, 술!"

"수~울? 난 술은 못 마시는데……?"

"어휴! 하여튼 한시도 눈을 뗄 수가 없다니까. 유목민의 술은 독하기로 유명하다고. 넌 그때나 지금이나 무슨 애가 세상 물정을 그렇게 모르냐?"

"딸꾹~! 그때? 그때 언제?"

"쳇! 기억력 하고는."

아인이 어깨에 머리를 기대며 물어오자 다니엘은 삐친 듯 고개를 팩 돌리며 작게 투덜거렸다.

그 순간 부족장이 날카로운 눈초리로 지팡이를 요란하게 흔들자 부족 사람들은 일제히 노래와 춤을 멈추었다. 심각한 얼굴의 부족장이 모래 바닥에 엎드려 귀를 땅에 대자 한동안 불안한 침묵이 이어졌다.

"뭔가 이상한데?"

직감적으로 위기를 감지한 다니엘이 술에 취한 아인을 자신 쪽으로 바싹 끌어당겼다.

마침내 부족장이 몸을 벌떡 일으키며 뭐라고 크게 소리쳤다. 그러자 이라스가 아인과 다니엘을 향해 외쳤다.

"도망쳐요! 노예 사냥꾼들이에요!"

이라스의 말이 채 끝나기도 전에 사방에서 요란한 모래 먼지를 일으키며 수십 마리의 말들이 질주해오는 것이 보였다. 눈 깜짝할 사이에 허연 입김을 내뿜는 말 등에 올라탄 하나같이 험상궂은 노예 사냥꾼들이 유목 부족 전체를 포위해 버렸다.

"흐흐흐! 마침 결혼식 중이었던 모양이군. 신부가 꽤나 미인인데 하필 우릴 만나서 어쩌나? 첫날밤을 기대했을 신랑에게 사과부터 해야겠군."

사냥꾼의 우두머리로 보이는 텁석부리 수염이 다니엘을 똑바로 쳐다보며 야비하게 웃자, 사냥꾼들이 왁자하게 웃음을 터뜨렸다. 부족장을 비롯한 부족민들이 안타까운 시선으로 아인과 다니엘을 돌아보았다.

그제야 술이 조금 깬 아인은 친구들이 선물한 옷의 의미를 깨달았다. 그리고 다니엘이 아까 왜 그렇게 난처한 표정을 지었는지도.

아인은 자신의 어깨를 꽉 안은 채 잔뜩 긴장한 눈으로 사냥꾼들의 우두머리를 쏘아보는 다니엘을 올려다보았다.

'다니엘은 이 옷의 의미를 알고 있었다는 뜻이잖아? 그런데도 거절하지 않고 입었다는 건?'

아인의 마음이 실타래처럼 엉켜들었다. 하지만 지금은 그런 감상에 빠져 있을 때가 아니었다.

부족을 포위하고 있던 사냥꾼들이 일제히 말을 몰아 포위망을 좁히기 시작했다. 아인의 어깨를 안은 다니엘의 손에 힘이 들어갔다.

"미안. 이번엔 널 지켜주지 못할지도 모르겠다. 잠깐이었지만 너와……."

아인의 귓가에 거의 속삭이는 듯한 다니엘의 음성이 들렸다. 아인이 마지막 말을 채 알아듣기도 전에 다니엘은 몸을 돌렸다. 그리고는 칼을 뽑아들고 사냥꾼들의 우두머리인 텁석부리를 향해 똑바로 달려갔다.

"내가 살아 있는 한 아인의 머리카락 한 올 건드리지 못하게 하겠다!"

"이런~ 신랑이 신부를 위해 기꺼이 목숨을 내던지는군."

"핫하하! 이 결투에서 승리한 자가 신부를 차지하면 되겠군요, 대장?"

"당연하지."

텁석부리의 도끼와 다니엘의 칼날이 부딪치는 순간, 쇳덩이로 바위를 두드리는 듯한 날카로운 굉음이 밤하늘로 울려 퍼졌다. 동시에 다니엘의 입에서 신음이 터져 나왔다.

"크윽!"

평소의 다니엘이라면 그를 어렵지 않게 제압했으리라. 하지만 충격을 받는 순간, 어깨의 상처가 벌어지며 피가 솟구쳤고 다니엘은 고통을 이기지 못하고 힘없이 쓰러지고 말았다.

"신부는 걱정 말고 편안히 쉬시게, 새신랑!"

놀라 고개를 쳐드는 다니엘의 머리 위로 텁석부리의 거대한 도끼가 질풍처럼 떨어져 내렸다. 마지막을 예감한 다니엘은 질끈 눈을 감아 버렸다. 순간 그의 망막으로 두 여자의 얼굴이 스치고 지나갔다. 언제나 그의 가슴을 설레게 하는 두 여자, 바로 클레오와 아인의 얼굴이었다.

"꺄아아악! 다니엘!"

아이이 날카로운 비명을 지른 것과 동시에 팽팽하게 힘이 실린 화살이 허공을 가르며 날아들었다.

"크악!"

어깻죽지에 박힌 화살의 힘이 어찌나 강했든지 도끼를 휘두르던 텁석부리가 그만 뒤쪽으로 부웅 튕겨 날아가고 말았다. 그리곤 모래 바닥에 형편없이 처박혔다.

그의 부하들도 나은 형편은 아니었다. 어디선가 우박처럼 날아든 화살에 맞고 피를 흘리며 쓰러졌고, 운이 좋은 몇몇만 간신히 달아날 수 있었다.

"어이! 애송이, 무사하냐?"

다니엘을 부축하고 주저앉아 있는 자신을 향해, 붉은 망토를 휘날리며 오른손에 커다란 활을 들고 달려오는 낯익은 로마의 장군과 뒤를 따르는 십여 명의 로마 병사들을 발견한 아인은 너무도 반가워서 그만 눈물이 핑 돌고 말았다.

화살을 날려 다니엘의 목숨을 구한 사람은 바로 안토니우스였다. 안토니우스가 아인의 부축을 받으며 간신히 일어서는 다니엘 앞에 서서 장난스럽게 웃었다.

"이런이런! 아가씨를 보호하랬더니 오히려 보호를 받고 있었던 건가?"

"아니에요! 다니엘이 아니었으면 난 이미……."

이때 다니엘이 아인의 손을 슬며시 잡았다.

"다니엘?"

놀란 토끼눈을 하고 돌아보는 아인을 향해 다니엘이 빙그레 웃어 보였다. 그 웃음 속에는 너만 무사하다면 누가 뭐라고 해도 난 상관없다는 무언의 신뢰와 위로 같은 것이 담겨져 있었다.

다니엘의 얼굴을 들여다보며 아인은 이번 시련을 통해 그와 자신이 얼마나 친밀해졌는지 새삼 깨달았고, 이런 달콤한 시련을 선물하신 사랑의 여신 이시스에게 마음속 깊이 감사하고 또 감사했다.

"어라? 그 요상한 눈빛들은 뭐야? 이봐, 떨어져! 떨어지라고!"

심술궂은 안토니우스의 방해도 더 이상 귀에 들어오지 않았다. 아인과 다니엘은 이 고요한 사막 한가운데 오직 단 둘만 서 있는 것처럼 서로의 눈을 가만히 응시하고 있었다.

"아인! 다니엘! 너희들 무사한 거야?"

하지만 따뜻했던 고요는 낯익은 누군가의 고함소리와 함께 깨어지고 말았다. 그 목소리를 듣는 순간, 다니엘의 얼굴이 눈에 띄게 굳어지며 자신의 팔을 잡고 있는 아인의 손을 단호히 밀어냈다.

"왜……?"

다니엘의 돌변에 아인은 당황했다. 하지만 자신을 향해 달려오는 클레오 때문에 다니엘의 대답을 들을 수가 없었다.

"둘 다 무사했구나!"

마치 옛 친구를 만난 어린애처럼 자신의 손을 잡고 폴짝폴짝 뛰는 클레오를 보며 아인은 억지로 웃을 수밖에 없었다.

"좀 괜찮아요?"

아인은 짐을 챙기는 다니엘의 천막 안으로 조심스레 들어서며 물었다. 어느새 다니엘은 유목민에게서 받은 옷을 벗고 원래의 옷으로 갈아입었다.

"난 괜찮으니까 신경 쓰지 마. 그런데 왜 온 거야?"

다니엘은 마치 다른 사람이 된 것처럼 퉁명스러웠다. 지난 며칠간이 모두 꿈이었나 싶어 아인은 코끝이 시큰거렸지만 억지로 참으며 말했다.

"돌아가기 전에 고맙다는 인사를 하고 싶어서요. 알렉산드리아에서, 또 여기에서 날 지켜주기 위해 목숨을 걸고 싸웠잖아요."

"……."

"그리고 물어보고 싶은 것도 있고요."

한참을 머뭇거리던 아인이 용기를 내서 말을 이었다.

"이 옷, 무슨 의미인지 난 몰랐지만 다니엘은 알고 있었죠? 그런데도 입은 이유는 혹시 날……."

"착각하지 마. 내가 널 위해 목숨을 걸었던 건 널 반드시 지켜주겠다는 공주님과의 약속 때문이었어. 그리고 이 옷을 거절하지 못한 건 우릴 구해 준 사람들의 호의를 거절하기 힘들어서였다고."

얼음장 같은 다니엘의 목소리에 아인은 그만 얼굴이 하얗게 질려 버렸다.

"미, 미안해요. 내가 착각을 해도 아주 심하게 했군요. 헤헤! 다신 착각 따윈 하지 말아야지."

아인은 억지로 웃으며 천천히 뒷걸음쳤다. 천막을 빠져나오자마자 참았던 눈물이 주르륵 흘렀다.

"쯧쯧~ 애송이 녀석, 책임감도 저 정도면 병인데."

다니엘의 천막 앞에 서서 하염없이 울고 있는 아인을 곁눈질하며 안토니우스가 볼을 긁적이며 혀를 찼다. 그와 대화를 나누느라 미처 아인을 발견하지 못한 클레오가 고개를 갸웃했다.

"무슨 소리죠?"

"아, 아무것도 아닙니다. 그냥 어떤 바보가 바보짓을 하는 걸 우연히 보게 돼서요."

"예?"

클레오는 점점 모를 소리를 하는 안토니우스를 바라보며 얼굴을 찌푸렸다.

"장군님은 정말 엉뚱한 분 같아요."

"앗! 제 엉덩이가 퉁퉁한 걸 공주님께서 어떻게 아셨을까?"

"그걸 지금 농담이라고 하는 거예요?"

"유행이 지난 건가요?"

"람세스의 미라 옆에 보관된 파피루스만큼요."

안토니우스가 갑자기 가슴을 쭉 폈다.

"하지만 이것만은 믿어 주십시오, 공주님. 공주님에 대한 저의 사랑만은 진실이란 것을 말입니다."

가슴에 주먹을 올리고 말하는 안토니우스의 얼굴이 진지하게 빛났다. 그의 얼굴을 올려다보며 클레오는 이 남자에 대해 좀 더 알고 싶다는 생각을 했다.

보름 만에 돌아온 알렉산드리아는 겉보기에는 예전과 달라진 것이 없어 보였다. 하지만 궁 안에 들어서자 묘한 변화가 느껴졌다. 공기 중에 무언가 팽팽한 긴장감이 흐르고 있었던 것이다.

"아이고, 공주님! 어딜 가셨다가 이제야 오세요?"

방 앞까지 도착하자 유모가 문을 벌컥 열며 뛰쳐나왔다.

"왜 그래, 유모? 무슨 일이 있어?"

의아한 듯 묻는 클레오의 질문에 유모는 하얗게 질린 얼굴로 더듬더듬 말했다.

"폐하께서……. 황제폐하께서 조금 전에 쓰러지셨답니다."

클레오는 유모의 말에 충격을 받고 비틀거렸다.

"아바마마께서? 안 돼, 안 돼……."

아인은 비틀거리는 클레오의 어깨를 가만히 안아 주었다. 친구에게 너무도 많은 시련이 연이어 닥치고 있었던 것이다.

6장

혼란의 알렉산드리아

프톨레마이오스 12세의 병세는 날로 악화되어 갔다. 친딸인 베레니케의 반란으로 인한 오랜 도피생활에서 얻은 지병이 나이가 들고 몸이 쇠약해지자 다시 발병한 것이다. 이집트뿐 아니라 바다 건너 그리스에서까지 이름난 의사와 점성술사들이 속속 궁전으로 모여들었지만, 결국 황제는 쓰러진 지 몇 달 만에 세상을 떠나고 말았다.

황제의 죽음이 전해지자 이집트 전체가 혼란에 휩싸였다.

이집트는 황제를 중심으로 하는 신권통치 국가로, 무능하고 나약하기는 했지만 모든 국민의 정신적 지주였던 황제의 죽음에 온 국민이 일손을 놓은 채 망연자실 슬픔에 빠져버렸다.

클레오 역시 황제가 죽은 지 여러 날이 지나도록 지독한 우울증에 힘겨워했다.

"저어…… 공주님."

그러던 어느 날, 밤이 깊은 시간 유모가 클레오의 방으로 찾아와 어렵게 입을 열었다.

"무슨 할 말이라도 있어, 유모?"

"그게, 이런 때 이런 말씀을 드려서 죄송합니다만 알렉산드리아 항에 있는 왕실 창고에 쌓여 있는 기름을 시장에 조금만 풀어 주시면 안 될까 해서요. 벌써 며칠째 시장에서 기름을 구하지 못해 음식을 못하고 있어요. 기름뿐이 아니에요. 며칠 전부터는 밀 값도 두세 배로 뛰어서 시민들의 걱정이 이만저만이 아니랍니다."

"아니 그게 무슨 말이야? 시장에 밀과 기름이 없다니?"

어렵사리 입을 연 유모의 말을 들은 클레오는 깜짝 놀랐다.

이집트에서는 어느 한 개인의 독점을 막고 시장의 가격 안정을 위해 야자유, 향유, 밀, 사탕수수 등을 비롯한 몇몇 품목을 왕실에서 독점하여 매달 시장에서 필요로 하는 양을 저렴한 가격으로 공급하고 있었다. 이는 수익을 목적으로 하기보다는 시민들을 보호하기 위한 정책이었다. 특히나 밀은 흉년을 대비해 알렉산드리아 시민 전체가 몇 달을 먹을 수 있는 양을 비축해 놓기까지 한 품목이었다.

클레오는 슬픔도 잊은 채 당장 자리를 박차고 일어섰다.

"가자, 아인. 당장 알렉산드리아 항으로 나가 봐야겠어."

"제발 밀을 나눠 줘요. 아이들이 굶고 있다고요."

"누가 공짜로 달라고 그랬어? 내 돈 내고 살 테니까 기름을 줘! 기름을!"

아인과 클레오가 다니엘과 호위병들의 호위를 받으며 알렉산드리아 항에 도착했을 때는 이미 수많은 시민들이 몰려들어 난리가 난 상태였다. 병사들은 창대로 몰려드는 시민들을 밀쳐내며 물러가라고 소리를 질렀고, 시민들은 기름과 밀을 달라고 아우성을 치고 있었다.

때마침 창고 관리인이 멀리서 클레오를 알아보고는 재빨리 달려왔다.

"공주님 아니십니까? 여긴 어떻게……?"

그의 한 마디에 창고 앞에 모여 있던 시민들의 시선이 일제히 클레오와 아인에게 집중되었다. 성난 군중에게 쫓기다가 죽을 뻔했던 기억이 되살아나 아인은 온몸에 소름이 돋았다.

아인과는 달리 클레오는 성난 시민들의 눈길을 한 몸에 받으면서도 눈 하나 깜빡하지 않고 창고 관리인을 다그쳤다.

"이게 어떻게 된 일이죠? 밀과 기름은 나라에서 안정적으로 공급하도록 법으로 정한 물건들인데 왜 아직까지 창고에 쌓여 있어요?"

"아직 서류가 도착하지 않아서……."

"서류라고요? 겨우 종이 몇 장 때문에 수천 명의 시민들에게 불편을 강요하고 있다는 말인가요? 모든 책임은 내가 질 테니까 어서 창고 문이나 열어요!"

클레오의 날 선 한마디에 관리인은 어깨를 움찔하고는 창고의 굳게 잠긴 자물쇠를 풀었다.

"와아! 기름이다!"

"밀이다, 밀! 나부터 줘요!"

"공주님 만세! 클레오파트라 공주님 만세!"

시민들은 양손 가득 밀과 야자유를 받아 들고는 소리 높여 클레오의 이름을 연호했다.

"뭐야? 누구 마음대로 창고 문을 열어?"

이른 아침, 황태자 마구스의 훈육관이자 황제의 집무대리인인 늙은 환관 포티우스는 어깨를 잔뜩 움츠린 창고 관리인을 향해 버럭 성질을 냈다.

"네가 죽고 싶어서 환장을 했구나. 왕실 직영 창고는 황제의 인장을 찍은 명령서가 있어야만 열린다는 걸 잊었느냐?"

"아, 아닙니다요. 제가 어찌……. 제발 자비를 베풀어 주십시오."

"그 사람 나무라지 마세요. 제가 시켰으니까요."

바로 이때 굳은 얼굴의 클레오가 포티우스의 집무실 문을 활짝 열며 들어섰다.

"크, 클레오파트라 공주님? 이 시간에 여긴 어쩐 일이십니까?"

클레오를 보는 포티우스의 얼굴이 떫은 감을 씹은 것처럼 일그러졌다.

"포티우스, 어젯밤 항구에서의 일은 전해 들었겠지요?"

"예? 아, 예."

"아바마마께서 돌아가신 지도 벌써 여러 달, 황제의 자리가 비니 시민들의 불편도 이만저만이 아니더군요. 다행히 아버님께서 유언으로 마구스와 저를 이집트의 공동 통치자로 임명하셨으니 하루라도 빨리 대관식을 올리도록 하죠."

클레오의 선언에 포티우스는 깜짝 놀라 외쳤다.

"대관식을요? 하지만 황태자 전하께서 너무 어리시고 또……."

"왜 그렇게 놀라죠? 마구스도 이제 10살, 저도 벌써 18살이에요. 마구스가 교육을 마치고 성인이 되는 3년 동안 제가 마구스를 대신해서 충분히 이집트를 이끌어갈 수 있을 거라고 생각하는데요?"

"그, 그렇죠. 그럼 소신이 대관식을 추진해 보겠습니다."

"그럼 오늘부터 집무실은 제가 사용하겠어요. 열쇠와 인장을 주세요."

"……."

포티우스는 갑자기 뺨을 얻어맞은 사람처럼 한동안 멍한 눈으로 클레오의 얼굴을 바라보았다. 어린애인 줄만 알았던 공주에게 불의의 일격을 맞은 것이다. 짧은 순간 포티우스의 눈이 예리하게 빛났다.

'받아들일 것인가, 거부할 것인가!'

하지만 그는 선대 때부터 황궁의 권력을 관리해 온 노회한 환관이었다. 어린 공주의 요구는 정당했으므로 그것을 거부할 명분이 없음을 그는 잘 알고 있었다. 포티우스는 결국 인장을 클레오에게 건네며 일그러진 자신의 얼굴을 숨기기 위해 필요 이상으로 고개를 숙였다.

"건방진 계집 같으니!"
방으로 돌아온 포티우스는 손에 잡히는 물건을 닥치는 대로 바닥에 내던졌다.
"헉헉! 내가 어떻게 손에 넣은 황제의 인장인데……. 황태자도 아닌 공주 따위에게 빼앗기다니 절대 안 되지!"
한참을 씩씩거리던 그의 눈이 반짝했다.
"후후! 클레오파트라! 스스로 꽤 똑똑하다고 착각하고 있겠지만 세상일이 그리 만만하지 않다는 걸 가르쳐 주마."

"세상에!"
"말도 안 돼."
다음 날, 아침 일찍 황제의 집무실에 도착한 아인과 클레오는 방 안 가득 쌓여 있는 어마어마한 양의 파피루스와 양피지를 보며 벌어진 입을 다물지 못했다.
"이런! 아직 서류의 절반밖에 옮기지 못했는데 꽉 찼군요. 나머지 절반은 내년쯤에나 보내드리면 되려나요? 흘흘흘!"
클레오는 뒤늦게 도착해 음흉한 미소를 흘리고 가 버린 포티우스를 떠올리며 이를 갈았다.

"흥! 포티우스, 이 늙은 너구리 같으니. 어디 누가 이기나 한 번 해 보자고."

그날 밤부터 클레오와 아인은 식사도 대충대충 해결하며 일에 몰두했다. 그 덕분에 대관식 날짜는 하염없이 연기되었다.

'어휴, 해도 해도 끝이 없네. 벌써 한 달째 잠도 제대로 못 자고, 밥도 밀떡으로 대충 때우고……'

"공주님과 아인 아가씨, 이것 좀 드시면서 하세요."

이때 누군가 맛있는 냄새가 풍기는 음식을 들고 들어왔다. 아인은 양손에 파피루스 두루마리를 들고 무심코 돌아보았다가 깜짝 놀랐다. 그들은 바로 사막에서 사귄 이라스와 카르미온이었던 것이다.

"이라스! 카르미온! 너희들이 어떻게 여기에?"

"호호! 공주님 도움으로 이번에 궁에 들어왔어요."

"알렉산드리아는 상상했던 것보다 훨씬 아름다운 거 있죠? 특히 궁전은 바닥부터 천정까지 너무너무 화려해요. 완전 짱이라니까요."

"음식도 너무 맛있어요. 이건 타쿠하에트 유모한테 배워서 만든 특별 간식인데 어서 드셔 보세요."

둘은 양 볼을 빨갛게 물들이며 열심히 연습한 듯 유창한 이집트 공용어로 말했다. 그 모습이 너무 귀엽고 사랑스러워 아인은 피곤함도 잠시 잊은 채 환하게 웃었다. 그리고 클레오에게 눈인사를 건넸다.

'고마워.'

'고맙긴. 네 목숨을 살려준 은인들에게 이 정도는 당연하쥐!'

클레오의 얼굴도 며칠 만에 생기가 돌았다.

"뭐라고요?"
다음 날, 피곤한 몸을 일으킨 클레오에게 황당한 소식이 전해졌다. 자신이 로마의 장군 안토니우스와 사귀고 있고, 어린 황태자를 몰아내 그를 황제로 추대하려 한다는 해괴한 소문이 돌고 있다는 것이다.
"대체 누가 그런 말도 안 되는 헛소문을 퍼뜨린 거야? 당장 찾아내고 말겠어!"
"나도 같이 가."
아인은 씩씩거리며 방을 나서는 클레오의 뒤를 황급히 쫓아갔다.
"요녀 클레오파트라를 추방하라!"
"황실의 수치 클레오파트라는 당장 나와라!"
"로마에 조국과 동생을 팔아먹은 역적 클레오파트라!"
어느새 왕궁 밖 광장에는 분노한 시민들이 몰려들어 클레오에게 욕을 퍼붓고 있었다. 그들의 기세가 하도 험악한지라 클레오가 저도 모르게 서너 걸음 뒤로 물러설 정도였다. 그런 클레오의 등에 누군가가 부딪혔다.
"다니엘!"
깜짝 놀라 돌아본 클레오의 등 뒤에 서 있는 사람은 다니엘이었다.
"아, 그랬었지. 내 뒤에는 항상 날 지켜주는 당신이 있었지."
클레오의 얼굴에 겹겹이 드리웠던 두려움이 벗겨져 나가는 듯했다.

뒤늦게 클레오를 따라간 아인은 다니엘의 품에 기대 선 클레오를 발견하고는 그 자리에 얼어붙고 말았다. 너무도 다정해 보이는 두 사람의 모습에 가슴이 무너져 내리는 듯했다.

'다니엘과 클레오가 서로를 좋아한다는 거 알고 있었잖아. 이제 그만 포기해, 아인.'

눈앞이 뿌예짐을 느끼자 아인은 황급히 그 자리를 떠났다.

"으악! 조심!"

막 별궁 쪽으로 방향을 꺾는 순간, 아인은 누군가의 가슴에 머리를 강하게 부딪치고 말았다.

"아얏!"

아인은 빨갛게 부어오르는 이마를 감싸 쥐고는 그대로 주저앉아 버렸다. 그와 동시에 애써 참았던 설움이 복받쳐 왈칵 눈물이 쏟아졌다.

"흑흑! 아파, 아프다고!"

한 번 터진 눈물은 그칠 줄 몰랐다.

"이봐, 이봐. 진정하라고. 별로 세게 부딪치지도 않았는데! 흐음, 이 갑옷이 문제였나?"

안토니우스는 주저앉아 눈물을 쏟는 아인을 내려다보며 난감한 표정으로 뒤통수를 벅벅 긁었다.

한참 동안 당황해하던 안토니우스는 울고 있는 아인 앞에 쪼그리고 앉아 그녀의 어깨를 토닥여 주었다.

"너, 아주 오래 울음을 참고 있었구나? 사람이란 말이야, 울고 싶을 땐 시원하게 울어야 해. 그래야 다시 웃을 수 있는 힘이 생기거든. 내가 응원해 줄 테니까, 실컷 울어. 아인, 파이팅!"

"우와아아아앙!!!"

안토니우스의 격려에 아인은 가슴 저 밑바닥에 꾹꾹 눌러두었던 눈물샘까지 한꺼번에 터뜨려 버렸다.

한참 눈물을 쏟아 속이 후련해진 아인은 그제야 자신이 아직까지 안토니우스에게 안겨 있었다는 사실을 깨닫고는 화들짝 뒤로 물러났다.

"이제 다 울었어? 너, 솔직히 이마가 아파서 운 거 아니지?"

"미안해요. 속상한 일이 있어서 저도 모르게 그만……."

"흐음! 우리 아가씨가 무슨 일 때문에 속이 상하셨을까? 혹시 그 애송이 녀석 때문이라면……."

아인은 안토니우스가 다니엘에 대해 이야기하려고 하자 재빨리 화제를 돌렸다.

"아참! 지금 밖에 클레오와 안토니우스 장군에 대한 이상한 소문이 돌고 있는 거 아세요?"

아인의 말에 안토니우스는 득의양양한 미소를 지었다.

"그렇지 않아도 그것 때문에 공주님을 뵈려던 참이야. 그 소문을 퍼뜨린 범인을 잡았거든."

"예에? 정말요?"

"오랫동안 포티우스가 데리고 있던 하짐이라는 늙은 노예로, 그리스로 가는 배에 몰래 숨어 있던 걸 출항하기 직전 간신히 잡았습니다. 심문 결과, 이번 소문을 퍼뜨리는 대가로 한 자루의 금화를 받았다는 자백을 받았습니다."

"그렇군요."

"이미 저희 부하들이 하짐을 끌고 다니며 시민들에게 진실을 알리고 있습니다. 보고에 의하면 벌써 많은 시민들이 이런 사실을 알고 각자의 일터로 돌아갔다고 합니다."

"그렇군요. 수고하셨어요."

칭찬을 기다리는 사내아이처럼 어깨를 으쓱이며 보고하던 안토니우스는 시종 무표정하게 고개만 끄덕이는 클레오의 반응에 머쓱해졌다. 동시에 자신을 죽일 듯 노려보는 다니엘과 눈이 딱 마주쳤다.

'클레오파트라 공주에 이어 애송이 녀석까지? 분위기 왜 이러지? 마치 내가 죽일 놈이 된 기분이잖아?'

안토니우스는 영문을 모르겠다는 듯 고개를 갸웃거리며 클레오의 방을 나섰다.

"하아!"

방을 빠져나가는 안토니우스의 뒷모습을 보며 클레오의 입에서 깊은 한숨이 토해졌다.

안토니우스는 분명 칭송받아 마땅한 활약을 펼쳤다. 그의 도움이 아니었으면 그녀는 포티우스의 계략에 빠져 성난 군중들에게 어떤 험악한 꼴을 당했을지 모를 일이었다.

오늘의 일이 아니더라도 선왕이 서거한 후, 지금껏 혼란스러운 알렉산드리아의 치안을 안정시키기 위해 백방으로 노력한 그에게 어떤 찬

사를 보내도 부족할 노릇이었지만 클레오는 그럴 수가 없었다. 방금 전 방으로 돌아오는 길에 서럽게 울고 있는 아인을 다정하게 안아 주는 안토니우스의 모습을 보았기 때문이다.

자신의 가장 친한 친구와 자신을 가장 많이 도와주는 믿음직한 장군, 그런 두 사람이 다정한 모습을 보인다면 기뻐해야 마땅했지만 웬일인지 그 순간 클레오는 뜨거운 질투심을 느꼈다.

'내가 왜 이러지?'

클레오는 마치 장난처럼 툭툭 던지는 안토니우스의 구애를 짓궂은 장난쯤으로 받아들이고 있었다. 그런데 그가 다른 사람도 아닌 아인과 잠시 시간을 보냈다는 이유만으로도 가슴 한복판에 구멍이 뻥 뚫려 버린 것 같았다.

'설마 내가 안토니우스를 사랑하게 된 걸까? 그 무식하고 느끼한 로마 장군을?'

책상을 가득 메운 서류를 건성으로 뒤적이며 클레오는 입술을 깨물었다.

"멍청한! 그렇게 간단한 일 하나 제대로 처리 못하고 붙잡히다니!"

머리끝까지 화가 치민 포티우스는 신경질적으로 책상을 후려쳤다.

"후후후! 포티우스님의 노예가 멍청한 것이 아니라 안토니우스의 대처가 빠른 것이지요. 겉보기에는 미련한 곰 같지만 그는 로마의 여우 카이사르가 가장 신임하는 심복, 그만큼 영리하고 교활한 녀석도 드물답니다."

포티우스의 맞은편 의자에 앉아 있던 커다란 덩치의 남자가 술잔을 기울이며 나직이 웃었다.

"실질적으로 알렉산드리아의 치안을 유지하고 있는 그가 클레오파트라 편에 서 있는 이상 시민들을 선동해 클레오파트라를 추방하는 건 쉽지 않을 거요. 또한 궁 안에서는 클레오파트라를 그림자처럼 따라다니는 호위병 다니엘과 아인이라는 친구까지 있어 더욱 까다롭지요. 이번만큼은 천하의 포티우스님도 쉽지 않겠는걸요."

비릿한 웃음을 흘리는 그를 바라보는 포티우스의 눈가가 기분 나쁜 듯 씰룩였다.

"흥! 그건 두고 봐야 알지 않겠소? 그나저나 장군은 약속이나 명심하시오. 내가 클레오파트라를 몰아내고 마구스를 꼭두각시 황제로 올리면……."

"북 이집트는 포티우스님이, 남 이집트는 나 아칠라스가 다스리기로 한 약속, 잊지 않았소."

놀랍게도 이 사내가 바로 이집트 최고의 장군 아칠라스였다. 하지만 오랜 세월 로마의 그늘에서 지낸 이집트 군대는 별 소용없는 존재로, 그 군대를 지휘해야 할 대장군 아칠라스 역시 권력과 탐욕에 취해 타락해 버렸다.

황제가 죽은 후 멍청한 황태자 마구스를 내세워 자신들의 욕심을 한껏 채울 생각에 부풀어 있는 그들에게 총명한 클레오는 여간 부담스러운 존재가 아니었다.

그날 밤, 이라스와 카르미온을 방으로 데려온 아인은 궁금했던 부족장의 소식을 묻는 등 오랜만에 편안한 시간을 가졌다. 하지만 그것도 잠깐, 거칠게 문이 열리더니 무장한 경비병들이 우르르 몰려들어 이라스와 카르미온, 그리고 아인의 양팔을 거칠게 잡아 묶었다.

놀란 아인이 몸부림치며 소리쳤다.

"이게 무슨 짓이죠? 우리를 어디로 데려가는 거예요?"

바로 그 때 신경질적인 하이 톤의 목소리가 들려왔다.

"저 아이들이 만든 음식을 먹고 황태자 전하께서 구토와 경련을 일으키셨습니다. 알아보니 입궁할 당시 클레오파트라 공주님의 보증만이 있었을 뿐 별다른 신분조회도 없었더군요. 게다가 아인님과는 복잡한 사연이 있다고 들었습니다만."

아인이 흠칫 돌아보니 포티우스가 야비하게 웃으며 서 있었다.

"이집트의 공동 통치권을 가진 클레오파트라님의 절친한 친구인 아인님이 데리고 있는 시녀가 보낸 음식을 먹은 황태자 전하께서 쓰러지셨습니다. 이 정도면 누가 봐도 수상하지 않을까요? 무죄가 입증될 때까지 저 두 시녀는 물론 아인님도 잠시 구금할 수밖에 없음을 이해해 주십시오."

"흥! 저희들이 무고하다는 건 포티우스님이 더 잘 아실 텐데요?"

"제가 알고 모르고는 중요하지 않아요. 사람들이 어떻게 생각하느냐가 문제지요. 더구나 저 아이들은 황실에 불만이 많은 떠돌이 유목 민족, 시녀라는 신분으로 위장해 황태자의 식사에 독을 풀기란 아주 간단한 일이죠. 문제는 저들 스스로의 의지였는지 아니면 다른 누구의 사주를 받았는지 여부랍니다."

"그 말씀은 내가 이 아이들을 시켜 마구스에게 독이라도 썼단 말인가요?"

이때 성난 클레오의 목소리가 들려왔다. 조금 전 쓰러진 마구스를 방문했다가 시녀로부터 전갈을 받고 다급히 달려온 것이다.

"그야 조사를 해 보면 알게 되겠지요. 혹시 이 아이들의 결백을 증명할 만한 증거라도 갖고 계신지요?"

비열하게 웃는 포티우스의 얼굴을 쏘아보며 클레오는 아무 말도 못하고 부들부들 떨고 있었다. 포티우스가 마구스를 이용해서까지 계략을 꾸밀 줄은 꿈에도 생각 못했다.

"흘흘! 친구 분과 두 시녀는 당분간 저의 사택에 머물게 될 겁니다. 그럼 소신은 이만!"

방을 나서는 포티우스의 손짓에 따라 경비병들이 아인과 이라스, 카르미온을 잡아끌었다.

'너무 걱정 마. 마구스가 깨어나면 너희의 누명을 벗겨 줄 테니까.'

클레오는 멀어져가는 그들의 뒷모습을 보며 스스로에게 다짐이라도 하는 듯 중얼거렸다.

"싫어! 황제가 될 나를 죽이려던 애들이야. 저 아이들뿐 아니라 그 부족민까지 모조리 잡아들여 사형시켜도 모자라. 아인 역시 그런 아이들을 궁까지 데려왔으니 당연히 책임을 져야지."

"마구스! 무슨 말을 그렇게 하니? 네가 아팠던 게 그 아이들 때문이라는 확신도 없잖아? 아무 증거도 없이 함부로 사람을 처형시킬 순 없어."

"흥! 누나야 말로 왜 꼭 그들을 풀어달라는 거야? 혹시 포티우스의 말대로 누나가 시킨 거 아니야?"

"너 정말……!"

꼬박 사흘간 고열에 시달리던 마구스는 정신을 차리자마자 이라스와 카르미온에게 사형을, 아인에겐 종신형이라는 중형을 선고해 버렸다. 클레오가 아인과 유목민 아이들을 풀어달라고 애원했지만 포티우스에게 완전히 세뇌당한 그는 오히려 누나까지 수상한 눈으로 쳐다봤다.

"뭐, 뭐야?"

늦은 시간, 알렉산드리아 궁 안에 마련된 자신의 방에서 쉬고 있던 안토니우스는 부관의 보고를 받자마자 치밀어 오르는 화를 참지 못하고 자리를 박차고 일어났다. 아인이 황태자의 독살 음모에 가담했다는 죄명으로 포티우스에게 붙잡혀 있다는 것이다.

얼마 전 자신의 품에 안겨 울던 아인의 모습이 선명하게 떠오른 그는 어두운 지하 감옥에서 떨고 있을 아인에 대한 걱정에 일단 앞뒤 가리지 않고 칼부터 찾았다.

"넌 만일의 경우를 대비해 당장 주둔지로 달려가! 나는 여기 있는 친위대 50명과 함께 포티우스의 집을 쓸어버리고 아인을 구할 테다!"

"알겠습니다!"

하지만 이때 방문이 열리며 뜻밖의 인물 두 명이 들어섰다.

"클레오파트라 공주님? 포티우스?"

야비한 웃음을 짓는 포티우스와 불안한 듯 안절부절못하는 클레오파트라가 그 주인공이었다.

"장군, 어딜 그리 급하게 가시는지요?"

"그걸 몰라서 물어? 도대체 아인을 잡아간 이유가 뭐지? 아니, 그런 건 아무래도 좋아. 지금 당장 너의 집을 쓸어버리고 아인을 데려오면 되니까. 공주님도 함께 가시죠."

안토니우스는 클레오의 손목을 잡아 자신 쪽으로 당기며 말했다. 하지만 웬일인지 클레오는 슬그머니 팔을 빼내는 것이었다.

"저희 집을 쓸어버린다고요? 과연 화끈하기로 유명한 장군다운 결정이군요. 하지만 그 전에 이것을 한 번 봐 주시기 바랍니다."

포티우스가 돌돌 말린 양피지 한 장을 서슬 퍼런 안토니우스의 눈앞으로 내밀었다.

양피지를 봉인한 밀랍 인장을 보는 순간, 안토니우스는 너무 놀라 양피지를 떨어뜨릴 뻔했다. 그것은 바로 그의 상관이자 로마의 최고 권력자인 집정관 율리우스 카이사르의 인장이었던 것이다.

'…… 마구스와 클레오파트라 간의 이집트 황위 계승권 다툼에 …… 어떤 상황에서도 절대 개입하지 말라.'

카이사르의 명령서를 대략 눈으로 훑던 안토니우스는 마지막 줄에 이르자, 극비사항임이 분명한 내용을 자신도 모르게 입 밖으로 중얼거리고 말았다.

"게다가 즉시 본토로 귀환? 이건 가짜야!"

안토니우스가 화를 내며 양피지를 찢어 버리려는 순간, 클레오의 손이 그의 손을 다급히 잡았다.

"그러지 마세요, 장군. 그건 오늘 로마에서 도착한 사신이 가지고온 카이사르의 친필 서한이 틀림없어요."

"도대체 무슨 농간을 부렸기에 집정관이 이런 명령서를 보낸 거지?"

안토니우스는 양피지를 움켜쥔 손을 부들부들 떨며 웃고 있는 포티우스를 죽일 듯 노려보았다. 그러자 굳이 숨길 필요도 없다는 듯 포티우스는 순순히 고백했다.

"밀지를 보냈지요. 클레오파트라 공주와 당신이 손을 잡고 이집트의 황제가 되려고 한다는 내용의 밀지 말입니다."

"미친 소리! 집정관이 그 따위 헛소리를 믿을 리가 없다!"

분노한 안토니우스의 고함소리가 알렉산드리아 궁 안 가득히 울려 퍼졌다.

7장

헝클어진 우정과 어긋나기만 하는 사랑

화를 참지 못하고 온몸을 부르르 떠는 안토니우스를 비웃으며 포티우스가 말했다.

"하지만 집정관은 저의 말을 믿어 주셨지요. 솔직히 당신은 그동안 과도하게 공주 편에 서 있지 않았나요? 객관적인 시선으로 본다면 충분히 의심스러울 수 있답니다."

클레오는 오한이 들 때처럼 온몸이 떨림을 느꼈다. 그의 지적대로 안토니우스는 전폭적으로 자신을 지지해왔고, 멀리 로마에 있는 카이사르가 보았을 때 이것은 불온한 의도로 보일 수도 있었다. 그리고 그 결과는 상상만으로도 끔찍한 것이었다.

이곳으로 오기 전 포티우스는 안토니우스가 당장 로마로 돌아와 이 모든 상황을 직접 설명하지 않는다면 자신의 공동 통치권을 박탈하고 마르쿠스를 단독 황위 계승자로 인정하겠다는 내용이 담긴 카이사르의 또 다른 편지를 보여 주었던 것이다.

'나도 빨리 아인을 구하고 싶어. 하지만 지금은 카이사르의 오해를 푸는 게 더 급해. 그렇지 않으면 이대로 포티우스의 손아귀에 이집트가 넘어가고 말 거야.'

안토니우스는 안토니우스대로 포티우스의 말에 반박할 말을 찾지 못해 빠드득 이를 갈 뿐이었다.

정황상 당장 로마로 돌아가야 했다. 하지만 그렇다고 아인을 저 능구렁이 같은 포티우스의 손아귀에 남겨둔 채로 떠날 수는 없었다.

"일단 무고한 아인을 멋대로 구금한 당신의 전횡을 바로잡은 후, 로마로 돌아가 집정관에게 직접 해명할 것이다."

"안토니우스 장군, 잠깐 기다려요!"

씩씩거리며 방을 나가려는 안토니우스의 팔을 클레오가 다급히 붙잡았다.

"이대로 아무 대책도 없이 군대를 동원한다는 건 무모한 결정이에요. 잘못하면 당신과 나 둘 다 카이사르의 눈 밖에 나게 돼요. 로마로 돌아가세요. 가서 카이사르에게 당신과 나의 결백부터 밝혀요."

"그럼 내가 돌아올 때까지 아인을 저 작자의 손아귀에 그대로 두잔 말이오?"

"아인에겐 미안한 일이지만 일단 우리가 살아야 아인도 무사할 수 있어요. 그러니 장군은 일단 로마로……."

일순간 안토니우스의 얼굴이 딱딱하게 굳어졌다.

"흥! 결국 아인을 내버려두겠다는 소리로군요. 미안하지만 이번만큼은 공주님의 뜻을 따를 수 없습니다. 난 더 이상 아인이 힘들어 하는 걸 단 한순간도 참을 수가 없소. 아인은 오늘 밤 반드시 자유의 몸이 될 겁니다."

그 말을 끝으로 안토니우스가 클레오에게 잡힌 팔을 거칠게 뿌리쳤다. 그 바람에 균형을 잃은 클레오는 휘청거리다가 바닥에 쓰러지고 말았다.

"내 앞을 막는 사람은 누구도 용서하지 않겠소. 설사 그것이 공주님이라 해도 말입니다."

안토니우스는 바닥에 넘어진 클레오를 차갑게 내려다보다가 몸을 돌려 방문을 향해 빠르게 걸어갔다.

쓰라린 무릎보다 클레오가 더욱 참을 수 없었던 건 자신을 내려다보는 안토니우스의 싸늘한 시선이었다.

'역시 안토니우스의 가슴을 채운 사람은 내가 아니라 아인?!'

가슴 시린 깨달음을 얻는 순간, 그녀는 멀어지는 안토니우스의 뒷모습을 향해 자신도 모르게 크게 소리쳤다.

"가지 마세요! 날 사랑한다면 제발!"

하지만 안토니우스는 그녀의 목소리를 전혀 듣지 못한 듯 그대로 방을 빠져나갔다.

"꺄아아악!"

좁고 어두운 포티우스의 사택 지하 감옥 안에 갇힌 아인은 복도 건너편에서 들려오는 이라스와 카르미온의 비명소리에 귀를 틀어막았다.

"이라스! 카르미온! 너희 괜찮니? 대체 무슨 일을 겪고 있는 거야?"

그러나 아무 대답도 들려오지 않았다. 한 시간쯤이 더 지나서야 하얗게 질린 얼굴의 이라스와 카르미온이 노예의 손에 이끌려 감방으로 돌아왔다.

아인은 벌떡 일어나 노예의 손에서 그들을 빼앗다시피 감싸 안으며 소리쳤다.

"도대체 이 아이들에게 무슨 짓을 한 거죠? 우리한테 원하는 게 뭐에요?"

"잘 알고 계시지 않습니까? 주인님이 원하시는 대로 클레오파트라의 사주를 받고 황태자 전하의 식사에 독을 풀었다는 자백서에 서명을 해 주시면 됩니다."

"말도 안 돼는 소리! 절대 그렇게 할 순 없어요!"

"아인님은 버티실 수 있을지 모르지만 이 아이들은, 글쎄요."

노예는 섬뜩한 웃음을 지어 보이고는 그대로 감방을 떠났다.

"걱정 마. 클레오가 어떻게 해서든 우릴 구해 줄 테니까."

"정말이죠? 흑흑! 너무 무서웠어요. 벌레가…… 커다란 딱정벌레가 살아 있는 염소를 통째로 먹어 치웠어요. 자백을 하지 않으면 다음에는 염소 대신 저를 벌레에게 던져 줄 거라고……."

"그것뿐이 아니에요. 저한테는 미라를 만드는 과정을 보여 주면서…… 절 산 채로 미라로 만들어 버리겠다며…… 흑흑!"

"얘들아. 무섭더라도 조금만 더 버텨 보자. 클레오라면 무슨 방법을 찾아낼 거야. 알았지?"

아인은 포티우스의 잔악함에 치를 떨며 공포에 질려 흐느끼는 아이들의 어깨를 꽉 안아 주었다.

'클레오! 다니엘! 안토니우스! 누구라도 좋으니 제발 구해 줘.'

포티우스의 집으로 가기 위해 반드시 통과해야 하는 성문 앞, 오십 명의 로마 병사들과 몇 배는 많은 수의 이집트 병사들이 뒤엉켜 불꽃 튀는 전투를 벌이고 있었다. 양쪽 모두 필사적이어서 성문 앞은 금세 피를 흘리는 부상병들로 넘쳐났다.

그리고 그 한복판, 가장 용맹하게 싸우고 있는 다니엘과 안토니우스가 있었다. 둘은 방어를 포기한 채 서로의 급소를 노리는 공격만을 거

듭했다. 하나둘 크고 작은 상처가 늘어나면서 두 사람은 상처투성이가 되었지만 둘 다 한 발짝도 물러서려고 하지 않았다.

"비켜, 다니엘! 아인을 구해야 한단 말이다!"

"미안하지만 당신이 절대 이곳을 통과하지 못하게 하라는 클레오파트라 공주님의 명령을 받았습니다."

"이 미련곰탱이 같은 녀석!"

카아앙!

둘의 칼이 다시 한 번 허공에서 부딪치며 시퍼런 불꽃이 튀었다. 그 순간, 충격을 이기지 못한 다니엘의 검이 부러지며 안토니우스의 검이 다니엘의 어깨를 깊숙이 베고 지나갔다.

"으악!"

다니엘이 고통을 이기지 못하고 나뒹굴었다. 다니엘의 검술 실력은 안토니우스에 비해 부족하지 않았지만 실전 경험에서 로마의 용맹한 장군 안토니우스를 따를 수 없었다.

"더 이상 다치기 전에 비켜. 늦으면 아인이 죽는단 말이다."

"그래도…… 비킬 수 없습니다."

금방이라도 쓰러질 듯 휘청대면서도 바닥에 떨어진 다른 검을 주워 들고는 다시 앞을 가로막는 다니엘을 보며 안토니우스는 그만 질려 버렸다.

"너, 대체 왜 이래?"

"공주님의 호위대장으로서 그 분 명령을 수행할 뿐입니다."

다니엘의 고지식한 대답에 안토니우스의 분노가 폭발하고 말았다.

"멍청한 자식! 너도 아인을 사랑하잖아? 그런 주제에 명령을 위해서라면 사랑하는 여자가 죽어도 어쩔 수 없다고 말하고 있는 것이냐, 지금?!"

"……."

얼음처럼 단호하던 다니엘의 얼굴이 어쩔 수 없이 참담하게 일그러졌다. 다니엘의 눈동자가 불안하게 흔들리는 것을 보며 안토니우스가 간곡하게 설득했다.

"아직 어려서 잘 모르는 것 같은데…… 다니엘, 우리들의 인생은 생각보다 훨씬 짧단다. 후회를 남길 일은 하지 않는 것이 좋아."

순간 다니엘은 어금니를 악물었다. 그리곤 검 끝으로 안토니우스의 얼굴을 겨누며 나직이 말했다.

"태양신 라의 이름을 걸고 맹세하건대, 장군은 오늘 밤 이 성문을 통과할 수 없습니다."

다니엘의 고집불통에 안토니우스는 완전히 포기하고 말았다. 평소 굉장히 버릇없고, 건방진 제멋대로의 녀석이라고 생각했지만 그래도 남자로서의 멋은 제법 있다고 생각했었다. 그런데 오늘 보니 그것은 멋이 아니라 아집일 뿐이었다. 믿었던 한 남자에 대한 실망감은 극도의 분노로 이어졌다.

이글거리는 눈으로 다니엘을 노려보며 안토니우스가 나직이 내뱉었다.

"날 막으라는 클레오파트라의 명령이 이집트를 위한 게 아니라 아인에 대한 질투심 때문이라도 말이냐?"

"그게 무슨……?"

놀란 다니엘은 저도 모르게 검 끝을 아래쪽으로 슬쩍 늘어뜨리고 말

았다.

"마지막 순간에 그녀가 말하더군. 아인 대신 자신을 선택해 달라고. 그게 무슨 뜻이겠어? 황제가 되고 싶은 탐욕에 눈이 뒤집힌 클레오는 이미 아인의 생사 따위엔 관심조차 없단 말이다!"

순간 다니엘의 눈이 커졌다. 검을 아래로 완전히 늘어뜨린 그는 사시나무 떨 듯이 온몸을 벌벌 떨었다.

다니엘이 이제야 자신의 말을 알아들었다고 생각한 안토니우스가 그에게로 한 걸음 다가서며 어깨를 툭 쳤다.

"너무 자책하지 마라. 네 잘못이 아니다."

터억!

"윽!"

순간, 허리 아래로 비스듬히 늘어뜨려졌던 다니엘의 검이 번개처럼 자신의 턱을 겨누자, 안토니우스는 크게 놀라 휘청했다.

"무슨 짓이냐?"

"더 이상 불필요한 희생을 줄이기 위해 장군을 인질로 잡기로 했습니다. 부디 이해해 주십시오."

"고집불통 녀석! 끝까지!"

어차피 끝난 승부였다. 오십밖에 되지 않는 그의 부하들은 수백이나 되는 이집트 창병들에게 완전히 포위된 상태로 자신들의 장군이 어서 항복명령을 내려주기만을 간절히 기다리고 있었다.

아인을 구하기 전에는 결코 손에서 놓지 않겠다던 그 검을 땅바닥에 던지며 안토니우스가 다니엘을 향해 슬프게 웃으며 말했다.

"너 같은 멍청이를 위해 울어 주는 아인이 가엾구나."
"으핫하하! 드디어 안토니우스가 클레오파트라를 포기했군."
 로마군이 주둔지에서 속속 철수하고 있다는 소식에 포티우스는 유쾌한 웃음을 터뜨렸다.
 '이로서 클레오를 둘러싼 방어벽 중 가장 단단하고 견고한 외벽을 깨뜨린 셈이군. 그럼 이제 남은 것은……'
 이때 방문이 조용히 열리며 누군가 안으로 들어섰다.
 늦은 시간의 방문객 때문에 생각이 끊어지자 포티우스는 짜증스런 눈으로 불청객을 바라보았다. 순간 그의 눈이 경악으로 부릅떠졌다.
"당신은……?"
 방문객은 다름 아닌 떠난 줄만 알았던 안토니우스였다.
"아인을 데려가겠소."
"예에?"
"독을 풀었다는 자백은 시녀들의 몫, 굳이 아인까지 데리고 있을 필요가 없지 않소?"
"그야 그렇지만……"
 포티우스의 눈알이 빠르게 돌아가며 이해득실을 따졌다. 아인이야말로 클레오파트라 최대의 약점이니, 그로선 안토니우스에게 그 귀중한 보물을 내줄 까닭이 없었다. 그의 마음을 읽었는지 안토니우스가 고개를 가볍게 숙이며 사정조로 말했다.
"아인만 데려가게 해 준다면 은혜는 잊지 않겠소. 이 안토니우스에게 빚을 지도록 하는 것이 그대에게도 나쁜 일만은 아닐 것이오."

"……!"

포티우스가 눈을 가늘게 뜨고 사자처럼 용감하면서도 곰처럼 무뚝뚝한 젊은 장군을 내려다보았다. 그의 말이 옳았다. 안토니우스는 카이사르에 이어 로마의 새로운 통치자가 될 수도 있는 영웅, 그에게 빚을 지게 하는 것은 어쩌면 최상의 투자이리라.

"그렇게까지 말씀하신다면야……. 이쪽으로 오시지요."

또다시 어디론가 끌려가 새벽까지 돌아오지 않는 이라스와 카르미온을 기다리다 지쳐 잠든 아인은 누군가의 손이 어깨를 부드럽게 흔들자 눈을 떴다. 지친 몸을 천천히 일으키자, 자신 바로 앞에 한쪽 무릎을 꿇고 앉아 있는 안토니우스의 모습이 보였다.

"안토니우스! 구하러 와 주셨군요!"

너무도 반가운 마음에 아인의 목소리가 절로 높아졌다.

"얼마나 기다렸다고요! 클레오는? 다니엘은요? 궁에서 기다리고 있나요?"

아인의 질문에 안토니우스가 어두운 얼굴로 고개를 가로저었다.

"이제 알렉산드리아에선 누구도 널 기다리지 않아. 그러니 나와 함께 로마로 가자."

"로마로 가다니, 그게 무슨 소리죠? 클레오를 두고 절대 혼자 떠날 순 없어요."

"클레오가 널 먼저 버렸는데도?"

안토니우스의 말에 아인이 움찔했다.

"그게 무슨 소리예요?"

"들은 그대로야. 클레오파트라는 널 구하려는 노력조차 안 했어. 오히려 다니엘을 시켜 널 구하려는 날 방해했지. 그래도 그녀의 곁에 남고 싶어?"

아인은 안토니우스의 말을 듣고 머릿속이 온통 하얀 백지처럼 변해갔다.

"그럴 리가 없어요. 내 친구 클레오가 그럴 리가……."

"사실이야. 그러니 클레오파트라는 잊고 나와 로마로 떠나자."

자신의 손을 꼭 잡고 믿음직하게 웃는 안토니우스의 얼굴을 들여다보며 한참을 고민하던 아인이 천천히 고개를 저었다.

"설사 그 말이 사실이더라도 이라스와 카르미온을 이곳에 버려둔 채 저 혼자만 나갈 순 없어요. 그 아이들에게는 제가 필요해요. 게다가 저는……."

"가장 큰 이유는 다니엘, 그 애송이 녀석 때문이겠지. 너의 뜻이 정 그렇다면 존중해 줄게."

"미안해요."

"아인, 지금 로마로 돌아가면 다시는 못 만나게 될지도 몰라."

"그…… 렇군요. 몸조심하세요."

"하지만 이 말은 꼭 하고 싶어. 혹시라도 내가 다시 이집트로 돌아오게 된다면 그때는 클레오파트라가 아니라 널 위해서일 거야."

안토니우스가 자신의 손등에 키스를 한 후 감옥 밖으로 완전히 사라질 때까지 아인은 꼼짝도 할 수 없었다.

'지금 그 말은 무슨 의미지? 왜 날 위해서? 뭐가 어떻게 돌아가는 거야?'

생각지도 못했던 안토니우스의 고백에 아인의 심장이 쿵쾅거렸다. 하지만 가슴 떨림도 잠시, 안토니우스가 나간 문이 다시 열리며 눈물 범벅이 된 이라스와 카르미온이 들어왔다.

"흑흑! 아인 아가씨, 저희를 용서해 주세요."

이라스와 카르미온은 감옥에 들어서자마자 대뜸 아인의 발치에 무릎부터 꿇었다.

"이라스! 카르미온! 너희들 왜 이래? 어서 일어나, 어서."

"저희들, 결국 포티우스가 꾸며 낸 대로 자백서를 쓰고 오는 길이에요."

"뭐?"

"흑흑! 죄송해요. 하지만 고문실에 끌려가는 건 죽기보다 싫었어요. 산 채로 미라가 되고 싶진 않았다고요."

"저희 때문에 설마 공주님이 무슨 일이라도 당하시는 건 아니겠지요?"

아인은 죄책감에 눈물을 펑펑 쏟는 아이들의 등을 부드럽게 두드려 주었다.

"얼마나 무서웠으면 거짓으로 자백을 했겠니? 포티우스가 나쁜 거지 너희 잘못은 아니야."

"하지만, 하지만……. 흐윽!"

순진한 아이들은 좀처럼 울음을 그치지 않았고, 결국 아인의 눈에서도 굵은 눈물이 흘러내렸다.

'집으로 돌아가고 싶어. 엄마! 아빠! 삼촌!'

"사실입니까?"

같은 시간, 초조하게 방 안을 서성이는 클레오는 갑자기 들려온 목소리에 뒤를 돌아보았다.

방문 앞에는 심하게 부상당한 듯 피 묻은 붕대를 동여맨 다니엘이 서 있었다. 클레오는 자신을 응시하는 다니엘의 눈에 적의가 서려 있음을 깨닫고 흠칫 놀랐다.

"왜 그리 화가 났어, 다니엘?"

"안토니우스 장군이 이상한 말을 하더군요. 자신을 막으라는 공주님의 명령이 질투심 때문이라고요. 그의 말이 맞습니까?"

"그, 그건……."

할 말을 찾지 못하고 당황하는 클레오를 바라보는 다니엘의 표정이 바위처럼 굳어졌다.

"설마 했는데 사실이었군요."

"나, 나도 아인을 구하고 싶었어. 하지만 아인 때문에 안토니우스가 날 밀치는 순간, 나도 모르게 화가 나서 그만……."

"그래서 아인을 구하려는 안토니우스를 막으라고 제게 명령하셨군요. 바로 질투심 때문에요."

다니엘의 목소리는 더 이상 낮아질 수 없을 정도로 착 가라앉았다.

"포티우스는 자신의 손으로 키운 황태자에게도 가차 없이 독을 쓰는 인간입니다. 그런 자의 손아귀에서 아인이 무사할 거라고 생각하셨습니까? 아니면 정말로 아인이 죽기라도 바라신 겁니까?"

"내가, 아인이 죽기를 바랐다고……?!"

동시에 클레오의 두 눈이 더 이상 커질 수 없을 정도로 부릅떠졌다. 다니엘의 날카로운 지적 때문에 그녀는 비로소 깨달았던 것이다. 순간의 질투심으로 인해 자신이 어떤 짓을 했는지.

클레오는 힘없이 방바닥에 주저앉으며 탄식했다.

"내가 아인에게 무슨 짓을 한 거지? 나만을 믿고 여기까지 온 친구에게 내가 도대체 무슨……?"

이때 묵직한 소리와 함께 클레오의 발치에 다니엘의 칼이 떨어졌다.

"다니엘?"

"죄송합니다. 더 이상은 공주님을 지켜드리지 못할 것 같군요."

"안 돼! 안토니우스와 아인에 이어 당신까지 잃을 순 없어!"

클레오의 절박한 외침이 들렸지만 다니엘은 절대 뒤를 돌아보지 않고 성큼성큼 방을 빠져나갔다.

"흑흑! 다니엘…… 제발 돌아와."

다급한 표정의 유모 타쿠하에트가 방으로 들어온 것은 바로 이때였다.

"헉헉! 헉헉헉……!"

클레오는 타쿠하에트의 손에 이끌려 어둡고 긴 궁전의 복도를 정신없이 달렸다.

"조금만 더 힘을 내세요, 공주님."

새벽잠이 없는 타쿠하에트는 산책을 나갔다가 우연히 횃불을 높이 들고 클레오의 궁을 향해 몰려드는 한 무리의 병사들을 목격했다. 병사들의 선두에는 득의양양한 표정의 포티우스가 서 있었다. 직감적으로 무언가 잘못되었다는 것을 느낀 유모는 그 길로 클레오의 방으로 달려온 것이다.

하지만 막 복도를 빠져나오는 순간 타쿠하에트와 클레오는 그 자리에 얼어붙고 말았다. 수십 명의 병사들이 그들을 기다리고 있었기 때문이다.

"어딜 그리 급히 가십니까?"

병사들 사이에서 포티우스가 히죽거리며 걸어 나왔다.

"흥! 내가 어딜 가건 말건 당신이 무슨 상관이죠? 그리고 이들은 황궁의 경비병들, 당신이 사사로이 동원할 수 있는 병력이 아니에요. 당장 해산시키도록 하세요."

클레오는 떨리는 가슴을 애써 진정시키며 포티우스에게 오히려 큰소리를 쳤다. 하지만 포티우스는 비웃음을 날리며 품속에서 양피지 한 장을 꺼냈다.

"이 상황에서도 큰소리를 치다니 정말 대단하시군요. 하지만 공주께서 황태자의 암살을 시도했다는 이 자백서가 제 손에 들어온 이상, 죽음을 피하기는 어려울 겁니다."

"흥! 지금 가짜 자백서로 날 위협하는 건가요?"

"천만에요. 공주의 명을 받고 황태자의 음식에 독을 푼 시녀들이 직접 쓴 자백서입니다."

"거짓말! 이라스와 카르미온이 그런 거짓말을 할 리가 없어."

큰 충격을 받고 휘청거리는 클레오를 타쿠하에트가 재빨리 부축했다. 포티우스가 그런 클레오를 가리키며 버럭 소리쳤다.

"당장 저 반역자들을 잡아라!"

수십 명의 병사들이 일제히 클레오와 타쿠하에트를 향해 달려들었다.

"아악!"

공포에 질린 클레오를 와락 끌어안으며 타쿠하에트는 자신의 머리 위로 떨어지는 병사들의 칼날을 바라보았다. 아직 살날이 많이 남았지만 친딸 같은 공주를 위해서라면 그쯤은 언제든 포기할 수 있다며 그녀는 마음을 다잡았다.

까아앙!

이때 어디선가 날아든 칼이 타쿠하에트의 머리를 노리고 떨어지던 칼날을 막았다. 이어 검과 검이 부딪치는 소리에 뒤섞여 병사들의 섬뜩한 비명소리가 울려 퍼졌다.

타쿠하에트에게 안긴 채 클레오가 천천히 고개를 돌렸을 때, 득달같이 달려드는 병사들을 혈혈단신으로 용감하게 막아내는 한 청년의 뒷모습이 보였다. 얼굴은 확인하지 못했지만 그 청년이 다니엘임을 클레오는 어렵지 않게 알아볼 수가 있었다.

수십 명의 병사들에게 포위당한 채였지만 다니엘이 돌아와 준 것만으로도 클레오는 마음이 든든해지는 기분이었다.

"뭣들 하느냐? 공주의 목숨을 취하는 병사에겐 평생 쓰고도 남을 만큼의 금화를 내리겠다!"

포티우스는 수십 명의 병사가 다니엘 한 명을 뚫지 못하는 것을 보고 발을 동동 구르며 소리를 질렀다.

"오래 버티지는 못합니다. 빨리 피하십시오!"

좁은 복도를 이용해 병사들의 공격을 막으면서 조금씩 뒷걸음질을 치던 다니엘이 클레오를 향해 다급히 말했다.

다니엘의 다급한 말에 타쿠하에트가 클레오의 팔을 강하게 잡아당겼다.

"어서 이리로!"

그녀가 안내한 곳은 궁 안 깊숙이 자리 잡은 주방이었다. 주방의 뒷문은 재료의 반입과 음식물 쓰레기의 반출이 용이하도록 알렉산드리아의 골목과 연결되어 있었다.

"크악!"

그 순간 자신들을 바싹 뒤따라오던 다니엘의 고통스러운 신음이 들렸다. 깜짝 놀라 돌아보니 주방 입구까지 몰려든 병사들이 휘두른 칼에 맞았는지 얼굴 한쪽이 온통 피투성이가 되어 비틀거리는 모습이 보였다.

"꺄아악! 다니엘! 다니엘!"

타쿠하에트가 재빨리 주방문을 닫고 빗장을 채우는 사이 클레오는 피투성이가 된 얼굴을 감싸 쥔 채 쓰러진 다니엘에게로 달려갔다.

"다니엘! 정신 차려요! 당신이 없으면······."

"공주님, 이럴 때가 아니에요. 어서 빠져나가야 해요."

타쿠하에트는 클레오와 함께 정신을 잃어가는 다니엘을 부축해 음식물 반입구로 빠져나갔다. 그러는 동안에도 주방문은 병사들이 휘두르는 도끼에 의해 조금씩 부서지고 있었다.

"이대로 골목을 죽 따라 알렉산드리아 시장에 있는 저희 집으로 가세요. 거기라면 한동안 숨어 계실 수 있을 거예요. 다니엘은 강한 사람이니 금세 깨어날 거구요. 그 뒤에는 다니엘과 멀리 떠나세요. 아셨죠?"

"유모, 그게 무슨 소리야? 유모는 우리와 함께 안 가?"

잔잔히 웃는 타쿠하에트를 바라보며 클레오는 유모가 자신을 버릴 것만 같아 덜컥 겁이 났다. 타쿠하에트는 발개진 클레오의 볼을 양손으로 감싸 쥐며 마치 친엄마처럼 푸근하게 웃었다.

"공주님은 제가 만난 어떤 이집트 여인보다 강하고 아름다운 분이시니 아무 걱정 마세요. 그리고 꼭 행복해지셔야 합니다. 그것만이 이 늙은이의 마지막 바람이니까요. 아셨으면 어서 가세요."

그 말을 끝으로 타쿠하에트는 스윽 고개를 돌려 자신들이 방금 빠져나왔던 출입문을 통해 주방으로 돌아갔다.

클레오는 어떻게든 유모를 불러 세워야겠다고 생각했지만 눈물만 흐를 뿐, 꽉 막혀 버린 목구멍 밖으론 단 한 마디도 뱉어 낼 수 없었다. 갑자기 벙어리가 돼 버린 듯 암담한 기분이었다.

드디어 주방문이 부서지며 포티우스와 병사들이 쏟아져 들어왔다. 하지만 주방 안에서 이들을 맞은 것은 금방 화덕에서 꺼낸 듯 불꽃이 튀는 장작 하나를 들고 뒷문을 막아선 타쿠하에트뿐이었다.

"흥! 그까짓 장작개비로 날 막을 수 있을 것 같은가? 물 한 동이만 뿌리면 금방 꺼질 텐데."

"포티우스, 세상에는 물로는 절대로 끌 수 없는 불길도 있다우. 당신의 권력을 향한 탐욕이나 공주님에 대한 나의 애정, 그리고 영원히 타오르는 지옥의 불길처럼 말이지."

포티우스의 비아냥에 훌륭하게 대거리를 해 준 그녀가 주방 곳곳에 쌓인 토기 하나를 집어 그의 발밑에 던졌다.

퍽 소리를 내며 토기가 깨지자 그 안에 들어 있던 새까맣고 끈적끈적한 액체가 포티우스의 발과 옷에 튀었다.

"이건 설마 석유?!"

"맞아. 이 석유가 다 탈 때까지는 누구도 공주님의 뒤를 쫓을 수 없다."

타쿠하에트는 담담히 말하며 옆에 있던 항아리를 발로 차 쓰러뜨렸다. 그리곤 항아리에서 흘러나온 끈끈한 액체에 횃불을 가져다 댔다.

화르르륵!

불길이 무섭게 타올랐지만 온몸에 불이 붙은 채 미친 듯이 비명을 질러대는 병사들과는 달리 타쿠하에트는 마지막으로 공주에게 보여 준 그 미소처럼 푸근하게 웃고 있을 뿐이었다.

다니엘을 부축하고 골목길을 걷던 클레오는 등 뒤에서 들리는 폭발음에 깜짝 놀라 고개를 돌렸다. 자신이 방금 빠져나온 주방 쪽에서 치솟는 불기둥이 보였다. 불길이 얼마나 뜨거웠으면 한참 떨어진 자신에게까지 그 열기가 전해지는 듯했다. 저 불길 한가운데 온몸을 던져 자신을 지키려 해주었던 유모가 서 있으리라.

클레오의 눈에서 눈물이 주르륵 흘러내렸다.

"흑흑! 미안해, 유모. 당신에게 늘 짐만 되어서 정말 미안해."

"클레오? 다니엘?"

절망의 순간, 등 뒤에서 아주 낯익은 누군가의 목소리가 들려왔다.

8장
혼란 끝에 얻은 소중한 왕관

아인과 이라스와 카르미온은 자백서를 쓰자마자 포티우스의 집 밖으로 짐짝처럼 내던져졌다. 셋이 힘없는 발걸음을 옮기다가, 정신을 잃은 다니엘을 안고 울고 있는 클레오와 우연히 마주치게 된 것이다.

"클레오? 다니엘? 세상에! 이게 어떻게 된 거야?"

아인은 피투성이가 된 다니엘과 눈물을 펑펑 쏟고 있는 클레오를 번갈아보며 물었다.

"아인! 유모가 나 때문에…… 흑흑!"

"유모가 왜? 말을 해 봐."

아인은 자신의 팔에 매달려 서럽게 우는 클레오를 진정시키려다가 갑자기 들려온 폭발음에 흠칫 놀라 고개를 들었다. 궁전과 연결된 듯 보이는 골목 끝에서 시커먼 연기를 피워 올리며 거센 불기둥이 치솟고 있었다.

클레오는 그 불길을 바라보며 하염없이 눈물을 흘리고 있었다.

"설마 유모가 저곳에……?"

아인 역시 충격으로 눈을 크게 떴다.

타쿠하에트의 집은 알렉산드리아의 번잡한 도심에서 한참 떨어진 시 외곽 빈민촌에 있었다. 흰색 회벽의 성냥갑처럼 생긴 작은 집 안으로 들어가자마자 일행은 다니엘을 가장 시원한 방에 눕힌 뒤 간단한 응급조치를 했다. 그리곤 모두 아무 곳에나 지친 몸을 뉘였다. 피곤한 하루를 보낸 터라 일행 모두는 이내 깊은 잠에 빠져들었다.

잠시 후, 잠든 줄만 알았던 아인이 슬며시 눈을 떴다. 다니엘에 대한 걱정으로 도저히 잠을 이룰 수가 없었던 것이다. 곁에서 잠든 이라스와 카르미온이 깰까 조심조심 일어난 아인이 주방으로 향했다.

물을 끓이고 깨끗한 천을 가늘게 찢어 붕대처럼 둘둘 말아 다니엘이 누워 있는 방으로 향하던 아인은 그만 그 자리에 얼어붙고 말았다. 다니엘의 곁에는 이미 다른 사람이 있었던 것이다.

"미안해."

"……."

"미안해, 아인. 포티우스의 집에서 많이 힘들었지?"

아인보다 앞서 다니엘의 옆을 지키던 클레오가 굳은 표정으로 방으로 들어서는 아인을 향해 거듭 사과를 했다. 그러나 아인의 반응은 차가웠다. 다니엘의 옆을 지키고 있는 클레오를 보는 순간, 믿었던 친구가 자신과 아이들을 버렸다는 안토니우스의 마지막 말이 떠올랐기 때문이다.

아인이 새로운 붕대를 들어 올리며 차갑게 말했다.

"미안하지만 잠시 비켜 줄래? 지금 붕대를 갈지 않으면 감염되어서 상처가 더 심해지거든."

"아! 그, 그래."

무안해진 클레오가 서둘러 다니엘의 옆자리를 비켜 주었다.

아인은 다니엘의 어깨와 얼굴의 반쪽을 뒤덮은 붕대를 조심스럽게 풀기 시작했다. 더러워진 붕대를 모두 제거하자 어깨뼈가 보일 정도의 깊은 상처와 왼쪽 이마에서부터 왼쪽 눈을 지나 오른쪽 뺨까지 이어진 굵은 자상이 드러났다.

"맙소사! 이렇게 심하게 다치다니……!"

약초 달인 물로 상처를 씻어내는 아인의 손이 끊임없이 떨려왔다. 마치 자신의 몸이 베이고 갈라진 것처럼 아팠기 때문이다.

이때 곁에 서 있던 클레오가 힘겹게 입을 열었다.

"저기 아인아, 그 뒤는 내가 하면 안 될까? 날 위해 다친 다니엘을 위해 붕대라도 내 손으로 갈고 싶어."

물수건을 들고 고민하던 아인은 결국 고개를 끄덕인 후 피 묻은 수건을 놓고 자리에서 일어섰다. 그리곤 아무 말도 없이 방을 나가 버렸다.

"다니엘, 아무 걱정하지 말고 푹 쉬어. 당신이 날 항상 지켜주었듯이 이제는 내가 당신을 지켜줄게."

클레오는 아인에게 받은 붕대로 다니엘의 상처를 감싸주며 나지막이 말했다. 문 밖에 숨어 이 모습을 지켜보던 아인은 가슴이 먹먹해졌다. 왠지 모를 설움에 하염없이 흐르는 눈물을 손등으로 닦아내며 돌아섰다.

"으읔!"

다니엘이 진땀을 흘리며 신음을 토했다.

"다니엘? 정신이 들어요? 다니엘?"

다니엘은 마르고 터진 입술을 움직여 무어라 중얼거리고 있었다.

"뭐라고요? 조금 더 크게 이야기해 줘요, 다니엘."

그의 목소리가 너무 작았기 때문에 클레오는 그의 입가에 귀를 바싹 갖다 대야만 했다. 바로 그 순간 클레오의 낯빛이 강한 충격으로 딱딱하게 굳었다. 다니엘이 누군가의 이름을 애타게 부르고 있었다.

"아……인, 아인……. 제발…… 제발 가지 마, 아인……!"

날이 밝자 알렉산드리아 시민들에게 얼굴이 많이 알려진 아인과 클레오는 집에 남아 다니엘을 간호하고, 이라스와 카르미온이 약품과 식료품, 그리고 바깥의 정보를 모아오기로 했다.

"아인, 우리 잠깐 이야기 좀 하지 않을래?"

이라스와 카르미온이 밖으로 나가자 클레오는 여전히 냉랭한 눈빛의 아인에게 말했다.

"무슨 이야기?"

클레오는 아인의 날 선 질문에 대답하지 않은 채 가만히 아인의 눈동자를 들여다보았다. 투명하고 맑은 갈색의 따뜻한 눈동자를.

'힘들고 외로운 순간에 저 따스한 눈동자를 보며 얼마나 위안을 받았는지! 다니엘이나 안토니우스 역시 나와 같은 기분이었을까?'

클레오는 가슴이 저미듯이 아파왔다. 착하고 따뜻한 친구를 이렇듯 차갑게 만든 것이 바로 자신이라는 자책감이 물밀듯이 밀려들었기 때문이다. 클레오가 눈물을 글썽이며 무어라 말하려는 순간, 문이 벌컥 열리면서 흥분한 이라스와 카르미온이 뛰어왔다.

"공주님! 아인 아가씨! 큰일 났어요!"

"이것 좀 보세요! 알렉산드리아 거리 전체에 쫙 깔렸어요."

"뭔데?"

아인은 이라스가 들고 온 양피지를 건네받았다.

"클레오파트라 현상수배? 죄목은 반역죄…… 현상금이 오만 탈란트

씩이나?!"

클레오의 얼굴이 자세히 그려진 현상수배지를 들여다보던 아인이 깜짝 놀라 소리쳤다.

오만 탈란트면 평생을 놀고먹을 수 있는 엄청난 돈이었다. 더구나 수배지에는 클레오의 생사를 불문한다, 라고 적혀 있었다. 이건 노골적으로 클레오의 죽음을 원하고 있다는 뜻이었다.

"포티우스! 이 여우 같은 작자가……."

카르미온에게 받은 현상수배지를 보던 클레오의 손에 힘이 들어갔다. 바로 이때 누군가 거칠게 문을 두드렸다.

"잠깐 문을 열어 주시오!"

"흉악한 범죄자를 찾고 있소. 잠깐 집 안을 살펴봅시다."

굵직한 남자들의 목소리에 집 안에 있던 일행의 얼굴이 일제히 창백해졌다.

"자, 잠깐만 기다리세요. 지금 열어 드릴게요."

점점 더 문 두드리는 소리가 거칠어지자 아인은 자기도 모르게 소리 높여 대답했다.

"다니엘이 있는 방으로 가 있어. 어떻게든 따돌려 볼게."

아인은 다니엘이 누워 있는 방으로 클레오의 등을 떠민 후, 얇은 망사 천으로 얼굴을 가렸다. 자신뿐 아니라 이라스와 카르미온에게도 망사 천을 주어 얼굴을 가리게 한 다음에 문을 살짝 열었다.

"뭐가 그리 오래 걸려? 집에 너희들뿐이야?"

문 밖에는 몽둥이를 하나씩 든 험악한 인상의 사내들 대여섯이 위압적으로 서 있었다.

"그런데요. 무슨 일이시죠?"

아인은 애써 태연함을 유지하려고 애썼다.

"황태자님을 독살하려고 한 반역자 클레오파트라를 찾고 있단다. 정말 너희들뿐이냐?"

"예, 저희 세 자매뿐이에요."

"흐음! 아무래도 능장을 부린 게 수상해. 집 안을 뒤져봐야겠다."

"이, 이봐요! 누가 들어와도 된다고 했어요? 그만 둬요!"

남자들은 항의하는 아인을 거칠게 밀치고 다짜고짜 집 안으로 들어왔다. 그리고는 허락도 받지 않고 여기저기 마구 뒤지기 시작했다. 드디어 한 남자가 클레오와 다니엘이 숨어 있는 방의 문고리를 잡고 흔들었다.

"어라? 왜 이 방만 잠겨 있지? 혹시 누가 숨어 있는 거 아냐?"

"어서 이 문을 열어 봐. 안에 뭐가 있는지 봐야겠다."

남자의 말에 이라스와 카르미온은 하얗게 질려 아인의 뒤로 숨었다.

"그 방만은 안 돼요! 그 안에는 전염병 환자가 있단 말이에요!"

"흥! 정말 그렇다면 처음부터 그렇다고 말을 했어야지. 말까지 더듬는 게 더 수상해."

"흥! 이깟 어설픈 문짝쯤이야 부숴 버리면 그만이지!"

말릴 틈도 없이 남자들은 어깨로 방문을 부숴 버리곤 방 안으로 우르르 몰려 들어갔다.

"안 돼!"

뒤늦게 그들을 따라 방으로 들어간 아인은 너무 놀라 입을 쩍 벌리고 말았다. 얼굴과 온몸에 다니엘에게서 풀어 낸 피 묻은 붕대를 칭칭 휘감고 누워 있는 클레오와 그녀와 똑같이 붕대로 온몸을 감은 다니엘의 모습 때문이었다.

"진, 진짜 전염병인가?"

겁에 질린 남자들이 주춤주춤 뒷걸음쳤다. 그 때 아인이 피 묻은 붕대를 휘감고 누운 클레오와 다니엘을 가리키며 쐐기를 박았다.

"최대한 빨리 목욕부터 하는 게 좋을 거예요. 자칫 잘못했다간 온몸에서 피고름이 나오는 몹쓸 병에 걸릴 수도 있으니까요."

놀란 남자들은 황급히 집을 빠져나가며 꽥꽥 소리를 질러댔다.

"너, 너희들! 당장 알렉산드리아에서 떠나! 그렇지 않으면 집을 통째로 불태워 버릴 테다!"

남자들이 완전히 떠난 것을 확인한 아인이 등으로 문을 닫으며 깊은 안도의 한숨을 내쉬었다.

"휴우~ 갔니?"

그제야 더러운 붕대를 풀며 클레오가 방에서 나왔다. 클레오의 순간적인 기지로 위험을 모면했지만, 아인의 표정은 좀처럼 밝아지지 않았다. 전염병 환자가 사는 집이라는 소문이 퍼지면 사람들의 이목이 집중될 것이고, 클레오를 찾기 위해 혈안이 된 사람들 중 누군가 그녀를 알아볼 수 있기 때문이다.

"아무래도 알렉산드리아를 떠나야겠어. 이대로 있다가는 다니엘이 깨어나기도 전에 모두 죽고 말 거야."

아인의 말에 집 안 분위기가 다시 무겁게 가라앉았다.

"뭐? 마구스가 대관식을 치른다고?"

며칠 후, 이라스가 가져온 소식에 클레오는 깜짝 놀라 소리쳤다.

"3일 후 황태자 폐하께서 즉위식을 치르고 황제의 자리에 오르신대요. 그리고 그 즉위식에 참석하기 위해 로마의 카이사르 집정관이 대군을 이끌고 지중해를 건너고 있대요."

"그 배에 안토니우스 장군도 함께 타고 계신대요."

카르미온이 이라스의 말이 끝나자 조심스럽게 덧붙이며 아인과 클레오의 눈치를 살폈다. 지난 며칠간 아인과 클레오가 나눈 단편적인 대화로 그들 사이에 좋지 않은 일이 있었다는 걸 눈치챘던 것이다.

"그럼 안토니우스에게 부탁해서 우리 모두 로마로 가는 건 어떻겠니?"

"로마요?"

"로마는 꼭 한 번 가보고 싶었어요."

아인의 제안에 이라스와 카르미온은 싫지 않은 표정이었다. 하지만 깊은 생각에 잠겨 있던 클레오만은 천천히 고개를 저었다.

"안 돼. 이대로 이 땅을 떠나서 도망칠 수는 없어."

"뭐?"

"이대로 마구스가 황제가 된다면 탐욕스런 포티우스에 의해 이집트는 멸망의 길을 걷게 될 거야. 난 아버지께서 지명한 이집트의 공동 통치자로서 내 나라의 몰락을 두고 볼 수만은 없어."

"하지만 무슨 수로? 우린 돈도 없고, 병사들도 없어. 아무리 생각해도 계란으로 바위치기야."

"대관식에 참석할 수만 있다면, 그래서 나의 뜻을 카이사르에게 전할 수만 있다면 한 가닥 희망은 있어."

"그러니까 포티우스와 아칠라스의 수만 군대가 철통같이 지키고 있는 궁으로 어떻게 들어갈 거냐고? 보나마나 성문을 통과하기도 전에 잡혀서 죽임을 당할 텐데."

언쟁이 길어질수록 아인과 클레오의 목소리도 조금씩 높아졌다.

"게다가 카이사르는 이미 마구스의 단독 황위 계승을 인정해 버렸잖아. 그도 포티우스의 편이야. 욕심을 버리고 함께 로마로 가자."

"욕심이 아니야. 지금 카이사르와 이집트의 황제 자리를 놓고 담판을 짓지 않으면 난 영원히 도망자로 살아야 해. 그건 살아도 사는 게 아닐 거야. 다니엘이 저렇게까지 부상을 입으면서도, 유모가 생명을 내던지면서도 날 지켜주었던 이유는 비겁한 도망자가 되라는 뜻이 아닐 거야. 이집트를 위해서 뭔가 해 주기를 바랐기 때문일 거라고."

"으음……."

클레오의 절절한 말에 아인은 그만 할 말을 잃고 말았다.

'클레오 말이 맞아. 내가 애초에 여기에 온 이유도 클레오가 역경을 견디고 훌륭한 여왕이 될 수 있도록 힘이 되어주기 위해서였지!'

아인이 이라스를 향해 물었다.

"즉위식에 관해 뭔가 다른 이야기는 없어?"

"글쎄요. 별다른 이야기는……. 아! 포티우스가 즉위식을 위해 상인들로부터 값비싼 물건들을 닥치는 대로 사들이고 있대요."

"값비싼 물건들?"

"예를 들면, 비단길 너머 동양에서만 생산된다는 비단과 향료, 그리고 페르시아산 양탄자 같은 거요."

"양탄자……. 바로 그거야!"

아인이 갑자기 주먹으로 손바닥을 탁 내리치며 소리쳤다.

"무슨 좋은 생각이라도 났니?"

"궁으로 들어가는 일은 나한테 맡겨."

궁금해서 묻는 클레오를 향해 아인이 오랜만에 환하게 웃어 주었다.

드디어 대관식 밤, 혹시 모를 사고에 대비해 도시 전체에 이중, 삼중으로 병력을 배치한 포티우스는 만족스러운 미소를 지으며 대연회장으로 발걸음을 옮겼다.

'아직 클레오파트라가 잡히지는 않았지만 이 정도 병력을 풀었으니 감히 궁전 가까이 접근할 엄두도 내지 못하겠지. 게다가 오늘만 지나면 클레오파트라 따위는 아무도 신경 쓰지 않을 테고 말이야.'

은은한 음악이 흐르는 대연회장 안에는 이미 많은 왕족과 귀족들이 마구스의 즉위를 기다리고 있었다. 귀빈석 중 가장 상석에는 그가 그토록 만나기를 고대했던 로마의 최고 권력자 율리우스 카이사르 집정관이 앉아 있었다.

'그가 마구스의 단독 황위 계승권을 인정한 이상, 클레오파트라를 지지하던 많은 학자들과 귀족들의 반발은 물거품이 되고 말겠지.'

포티우스의 입가에 야비한 미소가 걸렸다.

십여 명으로 이루어진 악단이 연주하는 음악이 점점 빨라지자 연회장 가운데가 자연스럽게 비워지며 잘록한 허리와 배꼽을 훤히 드러낸 아름다운 이집트 무희들이 나비처럼 달려들었다. 연회의 하이라이트인 군무가 시작된 것이다. 무희들이 빠른 템포의 음악에 맞춰 가녀린 허리를 살짝살짝 흔들자, 허리에 달린 금 장신구들이 잘그락 경쾌한 소리를 냈다.

연회장을 가득 메운 손님들은 이국적이면서도 아름다운 무희들의 춤을 감탄스런 눈으로 바라보았다.

이 춤이 끝나면 드디어 마구스가 황제가 된다는 생각에 포티우스 역시 흥분으로 얼굴이 벌겋게 달아올랐다.

"이놈들! 썩 나가지 못하겠느냐?"

이때 연회장 입구 쪽에서 소란스런 고함이 들려오자 포티우스가 미간을 화악 찌푸렸다.

"도대체 아칠라스는 뭘 하고 있는 거야?"

하지만 연회장 입구에서 십여 명의 상인들과 고함을 지르며 실랑이를 벌이고 있는 사람이 아칠라스 장군이란 사실을 깨닫는 순간, 포티우스는 저도 모르게 혀를 찼다. 포티우스의 눈이 재빨리 카이사르에게로 향했다.

다행히도 카이사르는 안토니우스와 나란히 앉아 술잔을 기울이며 귓속말을 하는 데 여념이 없었다. 억세게도 운이 좋은 안토니우스는 집정관의 신임을 회복한 듯했다.

"마지막 경고다. 당장 물러가지 않으면 네놈들을 몽땅 악어의 만찬으로 던져 줄 테다!"

험악한 표정의 아칠라스는 십여 명의 병사들을 거느리고 입구를 가로막은 자신 앞에 서 있는, 꼭 계집아이처럼 생긴 상인과 그 어깨 너머 둘둘 만 큼직한 페르시안 양탄자를 어깨에 짊어진 키가 큰 노예, 그리고 역시 키가 작은 상인의 호위무사 둘을 노려보았다.

자신들을 멀리 동방까지 장사를 다니는 대상이라고 소개한 키 작은 상인은 페르시아 왕이 새로운 이집트의 황제가 될 마구스에게 직접 전해 달라고 부탁했다는 양탄자를 들고 나타나 한 시간 전부터 연회장에 들여보내 달라고 떼를 쓰고 있었다.

"그럼 황태자 전하께 물어봐 주시기라도 해 주십시오. 이렇게 부탁드립니다."

"내가 한 번 안 된다고 하면 안 되는 거야! 절대로 안 돼!"

"그러지 마시고 제발……."

더 이상 치미는 화를 참을 수 없게 된 아칠라스가 양탄자를 가리키며 물었다.

"그러니까 네 말은, 저 양탄자를 황제께 직접 바치기 전에는 죽어도 못 간다 이 말이지?"

"그렇다니까요!"

"좋아, 그럼 양탄자를 내 앞에 내려놓아라."

"왜, 왜요?"

"내려놓으라면 내려놓지 웬 잔말이 많아?!"

순간 상인과 하인, 두 호위무사의 시선이 허공에서 재빨리 얽혔다. 한동안 곤혹스런 표정을 짓고 있던 상인이 희미하게 고개를 끄덕이자, 키 큰 하인이 어깨에 메고 있던 양탄자를 조심스럽게 바닥에 내려놓았다.

한참 양탄자를 쏘아보던 아칠라스가 나직이 명령했다.

"찔러라!"

기다렸다는 듯이 두 명의 건장한 이집트 병사가 날카로운 창으로 양탄자를 겨누며 빠르게 걸어 나왔다.

"으아아!"

상인의 얼굴이 단번에 흙빛으로 변했다. 어떻게든 말려야겠다고 생각했지만 그랬다간 자신들의 정체가 탄로 날 것이 분명했다. 상인이 망설이는 사이 이집트 병사들이 양탄자를 노리고 창을 쳐들었다.

상인은 병사들을 향해 손을 내뻗었다.

"안 돼! 양탄자 안에는 당신들의 여왕이……!"

하지만 그보다는 포티우스의 목소리가 약간 빨랐다.

"소란 피우지 말고 들여보내."

"하, 하지만……."

무언가 변명하려는 아칠라스를 향해 포티우스가 눈을 치켜뜨며 으르렁거렸다.

"아칠라스 장군, 오늘처럼 경사스러운 날에 이 무슨 짓이오?"

포티우스는 연회장의 높다란 옥좌에 앉아 있는 마구스를 가리켰다.

"게다가 상인들은 태양신 라의 아들인 새로운 황제폐하께 경의를 표하라는 페르시아 왕의 명을 받들어 오지 않았소. 조용히 들여보내야 마땅할 것이외다."

"들어가거라."

상인이 앞장을 서고 양탄자를 다시 어깨에 짊어진 하인과 반달칼을 옆구리에 찬 두 호위무사가 뒤를 따랐다.

이 기묘한 행렬을 연회장의 좌중이 숨을 죽이고 지켜보았다. 아칠라스와의 실랑이 때문에 상인 일행은 이미 충분히 주목받고 있었다. 심지어 카이사르마저 술잔을 슬쩍 들어 올린 채 흥미진진한 듯 상인을 유심히 내려다봤다. 작고 가냘픈 체격의 상인은 남자치고는 너무 예쁘장하게 생겼기 때문이었다.

계속된 소란에도 불구하고 자신들의 임무에 충실하고자 열심히 춤을 추던 무희들마저 예쁘장한 상인과 잘생긴 노예를 힐끔거릴 정도였다.

상인이 향한 곳은 마구스의 옥좌 밑이 아니라 바로 그 무희들이 춤을 추고 있는 무도장 한복판이었다. 상인이 눈짓을 하자 노예가 양탄자를 조심스레 바닥에 내려놓았다.

포티우스가 상인을 가리키며 신경질적으로 말했다.

"이봐, 이봐! 그쪽이 아니라 폐하의 옥좌 밑으로 와야지."

하지만 양탄자의 끝자락을 움켜쥔 채 카이사르와 안토니우스를 향해 선 상인은 포티우스의 말을 무시하고 빙그레 웃을 뿐이었다. 그러자 포티우스는 무언가 일이 심상치 않음을 직감했다. 포티우스가 토라진 얼굴로 서 있는 아칠라스를 향해 손짓했다. 어쩌면 아칠라스 장군의 예감이 맞을지도 모른다는 생각이 들었다.

"자, 모두 여기를 주목해 주세요!"

그 순간, 양탄자가 주르륵 풀려나며 그 안에서 젊고 아름다운 여인 하나가 천천히 몸을 일으켜 세웠다. 무희들과 비슷한 차림이었지만 그들보다 훨씬 예쁘고 태생적인 고귀함을 물씬 풍기는 그녀는 바로 이집트의 공동 통치자이자 거금의 현상금이 걸린 도망자 클레오파트라였다.

"클레오파트라!"

순간 포티우스가 숨이 막힌 사람처럼 입을 쩍 벌리고 간신히 내뱉었다. 당황한 포티우스의 시선이 제일 먼저 카이사르에게로 향했다.

카이사르는 이 무례한 도발에 흥미롭다는 표정이었다. 그의 귀에 대고 무슨 말인가를 부지런히 속닥이는 안토니우스의 모습은 포티우스를 더욱 불안하게 만들었다.

"세상에! 클레오파트라 공주잖아?"

"허어, 양탄자에 숨어 들어오다니 정말 대담하군."

전설의 미녀 아낙수나문보다 몇 배는 아름다운 클레오의 갑작스런 등장은 그간 포티우스의 끈질긴 노력 덕분에 형성되었던 적대적 분위기를 일시에 날려 버렸다.

"계속 연주해요."

멍하니 클레오파트라를 쳐다보고 있던 연주자들을 향해 상인으로 분장했던 아인이 연주를 재촉했다.

클레오는 다시 시작된 음악에 맞춰 춤을 추기 시작했다. 음악이 빨라짐과 느려짐에 따라 때로는 격렬하게, 때로는 우아하게 춤을 추는 클레오는 신의 세계에서 날아온 여신처럼 보였다. 상인으로 변장했던 아인과 노예로 변장했던 다니엘, 그리고 호위무사로 변장했던 이라스와 카르미온까지 넋을 놓고 그녀를 바라보았다.

"맙소사! 정말 아름답군요."

"넋을 놓고 있는 저 카이사르를 보시오."

"클레오파트라 공주님은 우리 이집트의 자랑이오. 암, 그렇고말고."

클레오의 손짓 하나하나에 탄식하고, 몸짓 한 번에 전율하며 연회장 안 모든 이집트 귀족들은 열렬히 그녀를 좇았다.

"……"

이윽고 음악이 끝나자 무희들이 일제히 물러가고, 연회실 한가운데 클레오만이 남게 되었다. 한동안 숨 막힐 듯한 침묵이 연회장을 감쌌다.

"와아아아아!"

무거운 솜이불처럼 연회장을 내리누르던 침묵을 깨뜨린 것은 우레와 같은 환호와 박수소리였다. 모든 이집트 귀족들이 가쁜 숨을 몰아쉬는 클레오파트라를 에워싸고 열광적으로 소리치고 있었다.

"지중해의 보석 알렉산드리아 공주 만만세!"

포티우스는 거의 눈이 뒤집힐 지경이었다. 늙은 환관이 저쪽에 멍청히 서 있는 아킬라스를 향해 소리쳤다.

"아킬라스! 반역자들을 체포하지 않고 뭘 멍청히 보고 있는 것이오?!"

"멈춰라!"

아킬라스를 막은 사람은 다름 아닌 카이사르였다. 카이사르가 술잔을 들고 자리에서 천천히 일어서자 떠들썩하던 연회장이 다시금 조용해졌다.

카이사는 한동안 조용히 클레오를 내려다보았다. 그와 시선을 마주하며 클레오는 긴장할 수밖에 없었고, 그런 클레오를 뚫어져라 노려보는 포티우스 역시 긴장하긴 마찬가지였다. 이 노회한 집정관의 한 마디에 클레오와 포티우스의 운명이 분명하게 갈릴 것이기 때문이었.

카이사르가 마침내 술잔을 슬쩍 들어 보이며 빙긋이 웃었다.

"알렉산드리아를 지중해의 보석이라고 칭송하던 시인들은 아무래도 시구를 수정해야 할 듯 싶소. 바로 그대, 클레오파트라야말로 보석 중의 보석이라고 말이오."

그 말에 아인과 다니엘은 안도했다. 이로써 일단 병사들에게 끌려갈 염려는 사라졌다. 하지만 진짜 싸움은 이제부터였다.

클레오가 카이사르를 향해 무릎을 살짝 굽혀 인사하며 차분히 말했다.

"즐겁게 보셨다니 다행이군요. 제가 이곳에 온 이유는 잘 알고 계시겠지요? 선왕의 유지에 따라 마구스의 대관식은 저의 대관식이기도 하답니다."

그녀의 말에 포티우스가 분노한 듯 소리쳤다.

"그대의 현재 신분은 이집트의 반역자! 이집트의 황권 수호자이자 대관식의 증인으로서 내가 그대에게 줄 것은 죽음뿐이다! 여봐라, 당장 클레오파트라와 일당을 체포하라!"

"포티우스, 지금 내 명령에 불복하겠다는 것인가?"

순간 카이사르의 서늘한 눈빛은 포티우스에게로 향했다.

"하, 하지만 집정관님. 클레오파트라는 마구스 왕자님을 독살하려 한 극악무도한 죄인으로……."

"한 마디만 더 지껄여라, 포티우스. 여기 안토니우스의 검이 네 심장에 박히게 될 테니!"

카이사르가 안토니우스를 힐끗 쳐다보며 농담처럼 말했다. 하지만 허리춤의 검자루에 손을 얹고 일어서는 안토니우스의 눈매는 결코 농담이 아니었다. 그 기세에 포티우스는 그만 입을 다물고 말았다.

온화한 미소를 머금은 카이사르의 시선이 다시 클레오에게로 향했다.

"그대의 요구사항은 잘 들었다, 클레오파트라 공주. 하지만 나는 방금 그 요구를 묵살하기로 결정했다."

"예?"

그 말에 클레오는 물론 아인과 친구들의 안색이 모두 백짓장처럼 변했다. 반면 포티우스는 너무 기쁜 나머지 웃음을 참느라 오히려 울상이 되었다.
 한동안 당혹감으로 불안하게 눈을 굴리던 클레오가 가까스로 마음을 진정시키고 카이사르를 똑바로 쳐다보았다.
 "이유를 물어도 되겠습니까?"
 "정치적인 이유다. 그 이상도, 이하도 아니다. 단, 그대가 원한다면 로마로의 망명을 허락해 주겠노라."
 클레오의 뒤쪽에 서 있는 아인의 안색이 파랗게 변하는 것을 지켜보던 안토니우스가 한 마디 거들었다.
 "외람된 말씀이지만, 공주의 요구는 정당한 것입니다."
 "그만! 사적 감정이 개입된 안토니우스 너와는 이 문제에 대해 논쟁하고 싶지 않다."
 그것으로 안토니우스 역시 입을 다물 수밖에 없었다. 한동안 눈물이라도 참는 듯 입술을 질끈 깨물고 있던 클레오가 갑자기 배시시 웃었다. 마치 모든 것을 체념한 듯 편안한 표정으로 카이사르를 향해 말했다.
 "먼 길을 오신 집정관님을 위해 작은 선물을 하나 준비했습니다. 이것만은 받아 주시겠지요?"
 "필요 없다. 그대의 소원도 들어 주지 못했는데, 선물까지 받는다면 너무 불공평하지 않은가."
 손을 내젓는 카이사르를 향해 클레오가 다시 웃었다. 이번에는 비웃음이 어린 웃음이었다.
 "이 선물을 받지 않으신다면 몹시 후회하실 겁니다. 왜냐하면 이것은 집정관님께서는 한 번도 본 적도, 가진 적도 없는 귀한 것이기 때문이지요."

"허헛!"

그녀의 말에 포티우스는 저도 모르게 실소를 흘렸다. 이 얼마나 오만방자한 말인가. 세계의 중심인 로마를 한손에 움켜쥔 최고의 권력자에게 지금껏 단 한 번도 구경 못한 대단한 선물을 주겠노라고 말하는 것은 한 마디로 자살행위였다. 권력자를 실망시키는 것은 위험할 뿐더러 때때로 죽음으로까지 이어지곤 했다.

한동안 가소롭다는 듯이 당돌한 이집트의 공주를 내려다보던 카이사르가 피식 웃었다.

"난 항상 선물을 좋아하지. 하지만 그대에게 나를 놀라게 할 만한 선물이 준비되어 있다고는 믿기지 않는걸."

"장담하건대 지금까지 받아본 그 어떤 선물과도 비교조차 되지 않을 거예요. 하지만 그냥 드리면 재미가 없으니 수수께끼를 낼게요. 답을 맞히면 기꺼이 선물을 드리고, 세 번의 힌트를 들으시고도 답을 맞히지 못하시면 선물을 받을 자격이 없는 것으로 알겠어요. 어때요?"

"하하하! 이 카이사르에게 자격 운운한 사람은 그대가 처음이다! 좋아, 수수께끼에 응하겠다!"

카이사르가 유쾌하게 웃었다. 하지만 웃음의 끝자락에 그의 눈이 먹이를 발견한 매처럼 빛나며 이렇게 중얼거렸다.

"하지만 선물이 실망스러울 경우엔 책임을 묻겠다. 바로 그대의 목숨으로!"

집정관의 눈빛이 너무 무서워 클레오는 저도 모르게 부르르 온몸을 떨었다.

"클레오……."

이때 아인이 다가와 어깨를 잡아주며 위로했다. 사실 선물과 퀴즈를 생각한 사람은 바로 아인이었다. 로마의 집정관을 상대로 한 이 아슬아슬한 도박을 아인조차 너무 위험하다며 포기하려고 했지만, 클레오가 끝까지 고집을 꺾지 않았던 것이다.

자신의 어깨를 짚은 아인의 손등을 쓰다듬으며 클레오가 희미하게 웃었다.

'걱정 마, 아인. 모든 일이 잘 풀릴 거야. 반드시 그렇게 될 거야.'

카이사르가 슬슬 지겹다는 듯이 손을 휘휘 내저었다.

"자, 어서 힌트를 다오."

"알겠습니다. 그럼 첫 번째 힌트를 드리죠. 제가 준비한 선물은 이집트에는 있고, 로마에는 없는 것입니다."

"이집트에는 있고 로마에는 없다?"

한동안 턱을 어루만지며 심각하게 생각에 잠겨 있던 카이사르가 모르겠다는 듯 천천히 고개를 내저었다.

순간 아인과 클레오의 눈이 마주쳤다.

"두 번째 힌트는 제가 드리죠. 이것은 이미 집정관님의 손안에 있는 것이기도 하고, 또한 영원히 잡을 수 없는 것이기도 합니다."

"이것 참 점점 난해해지는군. 내 손에 있기도 하고 없기도 하다?"

카이사르가 오른손을 번쩍 쳐들며 소리쳤다.

"좋아, 마지막 힌트!"

마지막 힌트는 클레오의 몫이었다.

"궁금하시다면 말씀드리죠. 이것을 어린 사내아이에게 주면 집정관님은 영원히 이것을 가지실 수 없지만, 성숙한 여자아이에게 주면 머지않아 손에 넣게 되실 것입니다. 제가 집정관님께 드리려고 하는 이 선물은 과연 무엇일까요?"

"으으음~!"

모든 힌트가 제공되었지만 카이사르는 아무 대답 없이 신음만 흘리고 있었다. 방금 전까지 그의 얼굴에 맴돌던 여유와 장난기는 찾아볼 수 없었다.

포티우스는 카이사르의 표정 변화를 면밀히 주시하고 있었다. 그가 보기에 카이사르는 이미 정답을 알아낸 것 같았다. 그리고 그 선물이란 포티우스가 생각했던 것보다 훨씬 대단한 것이 분명했다. 그러지 않고서야 집정관의 얼굴이 수십만의 적군을 마주한 것처럼 저렇게 심각하게 변할 리가 없었다.

포티우스는 머리를 쥐어짜 클레오가 낸 문제의 정답을 찾으려고 애썼다. 하지만 아무리 머리를 굴려도 알 수가 없었다.

정답을 맞힌 장본인은 카이사르 본인이었다. 카이사르가 클레오의 얼굴에 시선을 고정시킨 채 나직이 입을 열었다.

"첫 번째 힌트, 이집트에는 있고 로마에는 없는 것이란…… 이집트의 황제정과 로마의 공화정을 비교한 말이겠지."

클레오가 태연히 대답했다.

"맞습니다."

"두 번째 힌트, 이미 내 손에 있는 것이기도 하고 영원히 잡을 수 없는 것이기도 한 것이란……. 로마의 최고 권력자로서 언제든 마음만 먹으면 공화정을 종식시키고 황제에 오를 수도 있는 내 처지를 비유한 것이겠지."

"역시 맞습니다."

"마지막으로 세 번째 힌트, 어린 사내아이에게 주면 영원히 가지실 수 없고 성숙한 여자아이에게 주면 머지않아 손에 넣게 될 것이란! 마구스가 아니라 네게 이집트의 황권을 넘겨주면 내가 황제가 되도록 최선을 다하겠다는 너의 의지의 표현인 것이겠지. 결국 네가 내게 주겠다는 선물이란 로마 황제의 왕관이었구나."

"이집트의 클레오가 미래 로마의 황제께 다시 한 번 인사를 올립니다."

정답을 맞혔다는 뜻으로 클레오가 한쪽 무릎을 꿇으며 그를 향해 다시 정중히 인사를 올렸다.

순간 포티우스가 버럭 고함을 질렀다.

"이것들이 미쳤구나! 로마는 원로원이 다스리는 공화정의 나라! 황제라는 건 있을 수도 없고 있어서도 안 되는 나라란 말이다, 영원히!"

흥분으로 거친 숨을 몰아쉬며 포티우스가 카이사르를 쳐다보았다. 당연히 자신의 말에 수긍해 줄 것을 믿어 의심치 않았다.

"어억!"

하지만 카이사르와 눈이 마주친 포티우스는 경악했다. 자신을 바라보는 카이사르의 눈이 어떤 적의와 실망감으로 가득 차 있음을 똑똑히 보았기 때문이었다.

'집정관도 황제가 되고 싶어 한다!'

서늘한 깨달음이 늙은 환관의 등골을 훑고 지나며 절로 땀이 배어 나오게 했다. 그는 비로소 자신이 저 당돌한 공주에게 깨끗이 당했음을 알아차렸다. 포티우스가 카이사르를 향해 손을 내뻗으며 다가갔다.

"아아! 저는, 저는 단지 집정관님, 제 마음을 잘 아시지……. 아악!"

하지만 너무 허둥거리는 바람에 기다란 환관복 끝자락을 밟고 꼴사납게 엎어지고 말았다. 카이사르가 일어나려고 버둥거리는 그를 보며 혀를 찼다.

"늙은 포티우스가 아무래도 과음을 한 것 같군. 누가 집으로 좀 데려다 주게."

안토니우스가 턱짓을 하자 로마군 몇몇이 달려들어 포티우스를 번쩍 들어올렸다.

"놔라, 이놈들아! 집정관님, 제가 해드리겠습니다! 저와 마구스님이 집정관님을 황위에 올려 드리겠습니다!"

끌려 나가는 포티우스를 이 궁 안에서는 다시는 보지 못하리란 것을 이집트의 귀족들은 이미 알고 있었다.

"으하암~! 피곤해. 이 지겨운 연회는 언제 끝나는 거야, 포티우스?"

그 때까지 옥좌에 앉아 꾸벅꾸벅 졸던 마구스가 늘어지게 하품을 하며 포티우스를 찾았다. 그런 마구스를 한심한 눈으로 올려다보며 카이사르가 말했다.

"저런 멍청한 녀석에게 수천 년의 역사를 가진 이집트의 운명을 맡길 수는 없겠지."

그 한 마디로 모든 것이 결정되었다. 연회장을 메우고 있던 이집트 귀족들이 새로운 여왕으로 부상한 클레오파트라를 향해 일제히 허리를 조아렸다.

카이사르가 안토니우스를 거느리고 클레오파트라에게로 다가왔다.

"내가 아무래도 공주에게 보기 좋게 당한 것 같군. 어떻게 내 마음을 정확히 읽고, 그런 대담한 모험을 할 수가 있었지?"

클레오가 아인을 앞으로 밀며 싱긋 웃었다.

"실은 제 생각이 아니라 제 친구의 생각이었어요."

"호오, 옆에 든든한 참모가 있었던 게로군."

'삼촌으로부터 들은 지식도 한몫했답니다. 로마의 초대 황제는 아우구스투스였지만 카이사르야말로 암살당하지만 않았다면 가장 위대한 황제가 되고도 남았을 사람이라며 칭찬이 대단했던 삼촌에게 감사해야겠지요.'

유쾌하게 웃는 카이사르의 얼굴을 올려다보며 아인은 속으로 웃었다.

카이사르가 갑자기 웃음을 뚝 그치며 말했다.

"그렇다고 내가 로마의 공화정을 무너뜨리고 황제가 되겠다는 뜻은 아니니 오해하지 마시길!"

클레오가 별처럼 눈을 빛내며 대답했다.

"그럼요. 욕망은 있으나, 그 욕망을 억누르는 사람이 진정한 영웅이니까요."

"핫하하! 역시 클레오파트라 공주야! 이렇게 총명한 공주가 여왕이 된다면 이집트의 앞날에 큰 영광이 있을 것이다!"

기분 좋게 웃던 카이사르가 안토니우스를 향해 손을 내밀었다.

"안토니우스."

"여기 대령했습니다, 집정관님."

안토니우스가 내민 것은 바로 이집트의 왕관이었다.

"클레오파트라 공주, 아니 이제 여왕이라고 불러야겠군요. 앞으로도 로마와 좋은 관계를 유지해 주기를 바라오."

카이사르는 고개를 살짝 숙인 클레오의 머리 위에 황금빛 왕관을 씌워 주었다. 아름답고 똑똑한 클레오의 머리 위에서 왕관은 더욱 눈부시게 빛났다.

'다행이야. 이제 집으로 돌아가기만 하면 되는 건가?'

앞을 다퉈 머리를 조아리는 이집트 귀족들 사이를 천천히 걸어 나가는, 왕관을 쓴 클레오를 지켜보던 아인은 비로소 이집트에서 겪은 온갖 고통들이 씻은 듯이 씻겨 내려감을 느꼈다. 왠지 코끝이 찡해져 조용히 연회장을 빠져나왔다.

"떠나려고?"

문 밖에는 상처를 입은 왼쪽 얼굴을 머리카락으로 가린 다니엘이 벽에 등을 기댄 채 서 있었다.

9장
그리운 집으로

대관식이 끝난 후, 곧장 새로운 여왕을 위한 무도회가 열렸다. 이 무도회는 이집트의 수호신 이시스와 오시리스를 기념하기 위한 것으로, 서로 사랑하는 연인들끼리 짝이 되어 춤을 추는 행사였다.

시녀의 옷을 벗고 아름답고 화려한 고대 이집트 의상으로 갈아입은 아인이 연회실 한쪽 구석에 앉아 출입문 쪽을 보았다. 여왕이 가장 먼저 입장하는 전통에 따라 자신이 선택한 파트너와 함께 곧 연회실로 들어올 클레오를 기다리고 있는 것이다.

'아마도 다니엘이겠지.'

아인은 조금 전 연회장 밖에서 만난 다니엘과의 대화를 떠올리며 씁쓸히 웃었다.

"떠나려고?"

"응. 클레오도 즉위했으니 내가 살던 곳으로 돌아가야지."

"무도회까지는 꼭 참석해 줘. 너에게 보여 주고 싶은 것이 있어."

'흠! 이제 와서 뭘 보여 주겠다는 거지? 설마 클레오와의 다정한 모습을?'

아인은 대리석 바닥이 꺼져라 한숨을 내쉬었다.

잠시 후, 북이 세 번 커다랗게 울리며 무도회의 시작을 알렸다. 아인을 비롯한 많은 사람들이 클레오가 과연 누구와 입장할지 궁금해 하며 목을 길게 빼고 연회실 입구를 보았다.

"오오옷! 드디어 여왕께서 입장하시는군."

"핸섬하고 용맹한 장군과 아름다운 여왕님이라. 절묘한 조합이야."

"역시 여왕님답게 현명한 판단을 내리셨어."

사람들의 감탄을 들으며 아인은 부러 입구 쪽을 외면했다. 사람들이 말하는 장군이 다니엘이라고 생각했기 때문이다.

그러나 자신의 바로 옆을 지나가는 클레오의 파트너를 본 순간 아인의 눈이 놀라움으로 커다래졌다. 온몸을 금과 보석으로 치장한 눈부시게 아름다운 클레오가 팔짱을 끼고 있는 남자는, 독수리가 새겨진 은빛 갑옷 위에 붉은 망토를 둘러 남자다운 매력이 물씬 풍기는 로마의 장군 안토니우스였다. 아인과 눈이 마주친 안토니우스가 어색하게 웃었다. 그의 눈빛에는 사랑을 포기한 남자의 진한 아쉬움이 배어 있었다.

이번엔 아인의 눈이 클레오와 마주쳤다. 클레오는 아인을 향해 밝게 웃었다. 하지만 그녀의 눈은 결코 웃고 있지 않았다. 다른 사람은 몰라도 아인만은 그 눈에 어린 슬픔을 읽을 수가 있었다.

'이게 나와 이집트를 위한 최선의 선택이야. 후회는 없어!'

그 눈은 그렇게 말하고 있었다.

'미안해, 클레오. 그리고 사랑해.'

아인이 클레오를 향해 눈으로 말을 건넸다. 비로소 아인은 클레오에 대한 남은 앙금이 깨끗이 씻겨 내려가는 기분이었다. 클레오는 자신으로선 상상조차 할 수 없는 의무감과 책임감에 짓눌려 살아가는 이집트의 공주였다. 그런 그녀가 한때 불꽃처럼 타올랐던 사랑을 위해 아주 잠시 친구를 배신했다고 한들 누가 그녀를 욕할 수 있겠는가.

클레오와 안토니우스가 연회장 중앙에 멈춰 서서 음악에 맞춰 춤을 추기 시작하자, 웅성거리던 사람들 역시 저마다 짝을 찾아 춤을 추면서 본격적으로 무도회가 시작되었다.

아인에게도 몇몇 로마 장군들과 이집트 귀족들이 손을 내밀었지만 아인은 모두 고개를 저었다. 끈질기게 계속되는 춤 요청에 지친 아인이 고개를 푹 숙이고 있을 때, 흰 아마포로 지은 이집트 전통의상을 입은 누군가가 그녀 앞으로 다가왔다.

"미안해요."

아인이 고개도 들지 않은 채 거절의 의사표시를 했다. 하지만 금세 물러선 다른 남자들과는 다르게 그는 아인의 앞에서 꼼짝도 하지 않았다. 슬슬 짜증기가 치밀어 고개를 쳐들던 아인이 저도 모르게 숨을 들이마셨다.

"다, 다니엘?!"

그녀 앞에 서 있는 남자는 평소 입던 갑옷을 벗고, 깨끗하고 하얀 전통 장옷에 금빛으로 물든 머리카락과 너무도 잘 어울리는 황금 목걸이와 황금 팔찌를 찬 다니엘이었다. 그의 모습이 마치 전설의 이집트 왕자처럼 멋지고 눈부셔서 아인은 똑바로 눈을 뜨기조차 힘들 정도였다. 하지만 무엇보다 아인을 놀라게 한 것은 다니엘이 목에 두르고 있는, 꽃이 수놓아진 붉은색 목도리였다.

다니엘이 희고 가지런한 치아를 드러내 보이며 웃었다.

"춤을 허락해 줄 때까진 꼼짝도 안 할 생각인데 어쩌지?"

"그, 그 목도리는 사막의 부족에게서 받았던……?"

아인은 차마 결혼식이라는 단어를 입에 올리지 못하고 말끝을 흐렸다.

"맞아. 너와의 결혼식 때 했던 바로 그 목도리야."

"그걸 아직도 가지고 있었어요?"

"당연하지. 결혼 예복을 함부로 버리는 사람이 어디 있어?"

"에엑! 결혼 예복?"

아인이 너무도 크게 소리치는 바람에 주변의 시선이 일제히 두 사람에게로 쏠렸다.

"자, 음악이 끝나기 전에 빨리 가자!"

다니엘은 아인의 손을 잡고 연회장 가운데로 이끌었다. 그리고 경쾌한 음악에 맞춰 아인을 안은 채 사람들 사이를 돌며 춤을 추었다.

자신의 등과 허리에 닿은 다니엘의 따뜻한 손 때문에 아인은 정신을 차릴 수가 없었다. 게다가 연회장 안의 사람들이 다니엘의 목에 걸려 있는 목도리의 의미를 알고는 흐뭇한 미소를 지으며 자신과 다니엘을 바라보는 바람에 얼굴이 점점 더 화끈거렸다.

'행복해 보이는구나. 다행이야.'

이때 아인과 눈이 마주친 클레오의 눈이 부드럽게 빛났다.

'넌 어때? 그를, 안토니우스를 사랑하지 않잖아?'

'아마 사랑할 수 있을 거야. 이 사람과 나는 비슷한 상처를 가지고 있으니까. 아니, 이집트를 위해서라도 꼭 사랑할 거야.'

미소 짓는 클레오의 눈빛이 너무도 슬퍼 아인은 다니엘의 가슴에 이마를 댄 채 고개를 숙였다. 그렇게라도 하지 않으면 당장 눈물을 쏟을 것 같았기 때문이었다.

둥~~ 둥~~ 둥~~

빠른 음악에 섞여 흥분을 돋우려는 듯 북소리가 격렬하게 울려 퍼졌다. 연회장의 사람들은 더욱 빠르게 춤을 추었다. 아인도 다니엘과 함께 정신없이 빙글빙글 돌았다. 그 속도가 어찌나 빠른지 아인의 길고 윤기 나는 머리카락이 깃발처럼 휘날릴 정도였다.

"다니엘, 너무 빨라요! 어지럽다고요! 조금만 천천히! 이러다 손을 놓치겠어요!"

숨이 막힐 정도로 어지러워진 아인이 다니엘을 향해 소리 질렀다. 다니엘도 아인을 향해 소리 질렀지만 아인에겐 전혀 들리지 않았다. 그 사이 속도는 더욱 빨라져 아인은 마침내 다니엘의 손을 놓치고 말았다.

"꺄악!"

다니엘을 놓친 아인이 마치 소용돌이에 휩쓸리기라도 하듯 공중으로 부웅 떠올랐다. 너무도 아찔한 현기증에 아인은 그만 두 눈을 꼭 감았다.

"아인, 이제 집으로 돌아갈 시간이야."

이때 아인의 머릿속에 직접 이야기하는 듯이 선명한 클레오의 목소리가 들렸다.

"이렇게 그냥 돌아가야 한다고?"

아인이 놀라 눈을 번쩍 떴다. 그러자 허공에 둥둥 떠 있는 자신의 발밑으로 연회장의 전경이 한눈에 들어왔다. 여전히 빙글빙글 춤을 추는 사람들 사이를 당황스런 얼굴로 서성이는 다니엘의 모습이 보였다. 그가 누굴 찾고 있는지 묻지 않아도 알 수 있었다. 표현을 할 수 없어 더욱 애틋했던 사랑, 붉은 목걸이를 걸고 영원을 약속했던 바로 그 사랑, 바로 자신을 찾고 있음이 분명했다.

"싫어!"

눈물을 후두둑 떨어뜨리며 아인이 중얼거렸다. 그와 동시에 자신의

몸이 어디론가 쑤욱 빨려 들어가는 느낌을 받았다. 그 힘에 저항이라도 하듯 다니엘을 향해 필사적으로 손을 내뻗으며 아인이 절규했다.

"싫어! 싫어! 이렇게 헤어지는 건 정말 싫단 말이야! 다니엘!!!"

눈을 뜨자 아침이었다. 제일 먼저 익숙한 방 안 풍경이 들어왔다. 침대와 책상, 얼마 전에 엄마에게 생일 선물로 받은 스탠드까지 모두 그대로였다.

'돌아왔구나……!'

침대에서 일어나 보니 이집트로 떠났던 밤에 입었던 핑크색 잠옷을 입은 채로였다.

아인은 옷을 갈아입기 위해 옷장 문을 열었다. 그러자 옷장 안에 붙은 대형 거울에 비친 자신과 눈이 마주쳤다.

"정말 돌아왔구나. 이제는 정말로 다니엘을 만날 수 없는 거구나."

한동안 물끄러미 거울 속 자신을 바라보던 아인이 조그맣게 속삭였다. 갑자기 설움이 북받쳐 그녀는 그만 엉엉 울고 말았다.

"아, 아인아! 세상에……. 여보! 아인이 깨어났어요!"

놀란 엄마가 달려와 꼭 끌어안아 줄 때까지 아인은 눈물을 그칠 수가 없었다.

"에휴! 아직도 엉덩이가 얼얼하네."

그날 밤, 부모님에게 이끌려 종합병원으로 끌려가려던 위기를 필살 애교와 눈물공세로 무마하고, 영양제 주사 한 방으로 끝낸 아인이 침대에 엎드려 아직까지 아픈 엉덩이를 문지르며 툴툴거렸다.

"그래도 이정도로 끝난 게 어디야? 아빠 말대로 종합검진까지 받았으면 주사를 열 방도 넘게 맞았을 거 아냐?"

아인이 손을 뻗어 창가에 놓인 분첩을 집었다. 처음 봤을 때와 마찬가지로 오색의 자개로 만들어진 연꽃이 아름답게 피어 있었다.

"야, 나한테 한 마디 상의도 없이 그렇게 갑자기 돌려보내는 게 어딨니? 다시 만나기만 해 봐라. 가만 안 둘 거야."

"그건 나도 미안하게 생각해."

"클레오?!"

분첩이 클레오라도 되는 양 잔뜩 인상을 쓰며 화를 내던 아인이 등 뒤에서 갑자기 진짜 클레오의 목소리가 들려오자 놀라 소리쳤다. 처음 만났을 때처럼 깜찍한 소녀의 모습으로 방문에 기대 서 있던 클레오는 아인의 고함에 놀라 손가락을 입술에 갖다 댔다.

"쉬잇! 너희 가족들이 들으면 어쩌려고 그래?"

"가족이 문제가 아니라고. 내가 다니엘 때문에 얼마나 가슴 아팠는데, 그의 진심을 확인하자마자 날려 보내는 법이 어디 있어?"

클레오가 짓궂게 웃었다.

"호홍~! 너, 나한테는 그런 말 한 마디도 안했잖아? 공식적으로 난 네가 다니엘을 좋아하는 줄 전혀 몰랐다고."

"뭐, 뭐야?"

"다니엘이랑 안토니우스 둘 다 너만 좋아해서 살짝 배가 아팠기도 하고."

"너어~ 점점!"

"큭큭! 농담이야, 농담. 근데 너 놀려먹는 거 의외로 재미있다."

"한 번 해보자 이거지!"

아인이 손톱을 세우며 달려들려 하자 클레오가 정색을 하고 말했다.

"널 그렇게 보내기로 결정한 건 다니엘이었어."

"다니엘이? 하지만 왜?"

"그는 어렴풋이나마 네가 언젠가는 떠나야 할 사람이라는 걸 알고 있었던 것 같아. 그래서 네가 가장 행복해 하는 순간에 떠나보내고 싶다고 내게 부탁했어. 그래야 네가 행복할 때마다 자기를 떠올릴 수 있다고!"

"다니엘이……. 그랬구나."

"내 소식은 궁금하지도 않니? 역시 우정보다는 사랑이 먼저인가?"

클레오는 또 다시 짓궂게 웃으며 아인을 놀렸다.

"미안! 이집트 상황은 지금 어때?"

"아휴! 아인이한테는 농담을 못한다니까!"

아인의 당황한 기색에 화가 난 척 허리에 손을 얹었던 클레오는 환하게 웃고 말았다. 그리곤 침대에 나란히 엎드려 밤늦도록 수다를 떨었다.

"아인이 너 정말 괜찮은 거야?"

"그렇다니까 삼촌. 나 전혀 안 아파. 병원에서도 그랬잖아. 그냥 잠을 푹 잔 것뿐이라고. 그러니까 삼촌은 아무 걱정 마시고 아인이한테 맛있는 피자만 사주면 된다니까."

비록 잠들었던 시간은 일주일뿐이었지만, 이집트에서 몇 년이나 되는 시간을 지내고 돌아온 아인이 눈을 뜨자마자 가장 먹고 싶었던 건 바로 피자였다. 그래서 이집트 전시회를 끝내고 집에서 잠시 쉬고 있던 삼촌을 조르고 졸라 피자집으로 향하는 길이었다.

"으이구, 이 녀석아. 그래도 그렇지. 네가 곰이냐, 개구리냐? 무슨 잠을 겨울잠처럼 자?"

"에헤헤! 이왕이면 귀여운 다람쥐라고 해."

"어이구, 말이나 못하면!"

삼촌은 한숨을 푹 내쉬며 어리광을 피우는 아인의 머리를 마구 헝클어뜨렸다.

아인과 삼촌이 막 피자집 앞에 도착했을 때, 삼촌의 주머니 안에서 핸드폰이 울렸다. 발신자 번호를 본 삼촌은 무척이나 반가운 표정으로 전화를 받았다. 그것도 빠르고 현란한 영어로.

피자집으로 들어가려던 아인은 잠자코 서서 삼촌의 통화를 듣고 있을 수밖에 없었다.

'뭐라는 거야? 도통 알아들을 수가 있나! 이럴 줄 알았으면 영어공부 열심히 할걸. 그런데 누구랑 통화하기에 삼촌이 저런 표정이지?'

전화 통화를 끝낸 삼촌을 향해 아인이 물었다.

"방금 통화한 사람은 누구야? 설마 나 몰래 사귄 애인? 삼촌, 영국에서 공부는 안 하고 놀러만 다닌 건 아니지?"

"뭐, 뭐야? 하하하!"

수상한 눈으로 보는 아인의 추궁에 삼촌은 어이없다는 듯 큰 소리로 웃음을 터뜨렸다.

"푸하핫! 이 녀석아. 그래, 이 삼촌이 이번에 영국에서 아주 멋지고 귀여운 금발머리의 친구를 사귀었다. 그리고 너한테는 절대로 소개 안 시켜 줄 거다."

"으윽! 설마, 설마 했는데 이 배신자! 바보! 난 이 만남 반대야, 절대 반대라고!"

"하하하!"

삼촌은 이제 울 것처럼 눈까지 새빨개진 아인을 꼭 껴안아 주었다.

4권에서 만나요!

부록

이집트의 여왕
클레오파트라 이야기

나일의 축복을 받은 나라, 이집트
지중해의 지배자, 로마 제국
프톨레마이오스 왕조의 시작
클레오파트라의 업적
사랑을 향한 죽음의 순간
스스로를 빛나게 하는 매혹의 리더십

콧대 높은 이집트의
마지막 여왕 클레오파트라

우리에게 너무도 유명한 '클레오파트라'는 사실 이름이 아니랍니다. 이집트의 마지막 왕조였던 프톨레마이오스 왕조는 그리스계의 전통에 따라 남자 통치자들은 모두 프톨레마이오스, 여자 통치자들은 클레오파트라나 아르시노에, 베레니체 등으로 불리었고, 진짜 이름은 그 뒤에 붙었답니다.

이 책의 주인공인 클레오 역시 '클레오파트라 필로파토르 타리아(기원전 69~기원전 30)'라는 아주 긴 이름을 가지고 있었습니다. 아마도 어렸을 때는 "타리아"라고 불렸겠지요. 클레오파트라라는 공식적인 명칭으로 불린 것은 그녀가 여왕이 된 후의 일입니다.

하지만 로마 최고 권력자와의 불같은 로맨스와, 한 번 보면 누구나 사랑에 빠져들게 만드는 빼어난 미모 덕분에 클레오파트라라는 호칭은 그녀의 이름보다 더욱더 유명해지게 된 것이죠.

클레오파트라는 앞서 여러분이 읽었던 영국의 엘리자베스 1세나 오스트리아의 마리아 테레지아와는 확연히 다른 인생을 살았습니다. 다른 여왕들이 고난 후의 행복을 평생 맛본 데 비해, 클레오파트라는 소녀시절부터 여왕이 된 후, 그리고 39살이라는 짧은 나이에 스스로 목숨을 끊을 때까지 끊임없는 위험 속에 홀로 서 있었기 때문이죠.

그럼 이제부터 파란만장한 클레오파트라의 삶에 대해 자세히 살펴보도록 할게요. 그 전에 아름다운 사막의 나라 이집트에 대해 간략하게나마 알아보도록 하겠습니다.

나일의 축복을 받은 나라, 이집트

세계에서 가장 오랜 역사를 가지고 있는 나라 중 하나인 이집트는 아프리카 대륙 북동쪽에 위치한 나라입니다.

정식 명칭은 이집트아랍공화국(Arab Republic of Egypt)이고, 수도는 카이로입니다. 공용어는 아랍어이고 국민 대부분이 이슬람교를 믿고 있지만 기독교, 천주교 등 다른 종교를 믿는 사람들도 적지 않습니다.

국토가 넓어 동쪽으로는 이스라엘, 남쪽은 수단, 서쪽은 리비아와 인접해 있습니다. 전체 국토의 면적은 997,739Km²로 우리나라보다 10배쯤 넓은데 반해 인구는 7천 2백만 명으로 두 배 정도 많습니다. 국토 대부분이 사막지역이기 때문에 총 인구의 약 99%가 나일 강 유역의 삼각주와 사막에 흩어져 있는 오아시스에 거주합니다.

북쪽으로 따뜻한 지중해를 접하고 있는 이집트는 2가지 계절만이 존재합니다. 바로 여름과 겨울이죠. 4월부터 10월까지 계속되는 여름은 국토 대부분이 세계 최대의 사하라 사막에 속한 나라답게 아주 무덥습니다. 그리고 11월부터 다음 해 3월까지 이어지는 겨울 또한 평균기온이 11~18℃로 우리의 가을처럼 서늘하답니다.

전편에서는 중세시대의 역사를 다루었지만 이 책의 배경이 되는 이집트는 조금 더 오래 전으로 시간을 거슬러 가야 합니다. 아무래도 이집트 하면 고대의 신비로움을 빼놓을 수 없기 때문이죠.

기원전 3,000년경 위대한 파라오 맴너스에 의해 단일국가가 된 이집트는 그 후 약 3,000년 동안이나 막강한 파라오의 지배 아래 거대한 제국으로 발전합니다. 그 기간 동안 피라미드, 스핑크스, 그리고 책에서도 나왔던 하토르 신전 등 수많은 건축물과 신전들이 만들어집니다.

하지만 그 이후 고대 이집트 제국은 아시리아와 페르시아의 침략을 연달아 받아 멸망하게 됩니다. 마케도니아의 젊은 왕 알렉산더가 이집트를 정복한 것이 바로 이 시기입니다. 알렉산더가 인도에서 죽은 후 그를 따르던 장군이 알렉산드리아로 돌아와 세운 것이 이집트의 프톨레마이오스 왕조입니다. 이 책의 주인공인 클레오파트라는 이 프톨레마이오스 왕조의 마지막 여왕이었답니다.

이집트는 프톨레마이오스 왕조가 무너진 이후 로마, 오스만 투르크, 프랑스, 영국의 침공을 차례로 받으며 점차 쇠약해져 결국 1914년 영국의 식민지가 되었습니다.

1922년 영국으로부터 독립한 이집트는 우리나라와 1961년 12월 영사 관계를 맺고 이듬해 카이로에 한국 총영사관을 설치합니다. 부분 사회주의 국가

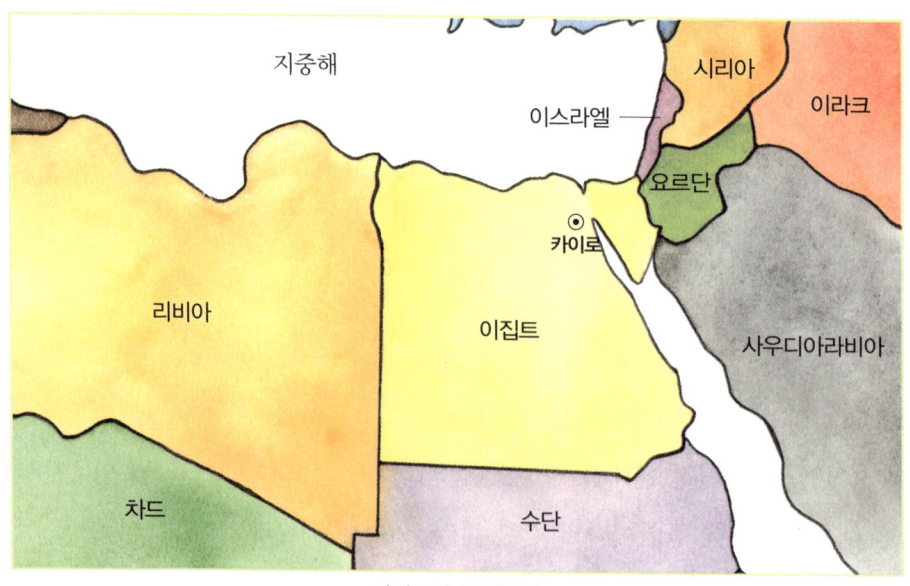

이집트와 주변국들

인 이집트는 우리나라와는 정식 국교를 수립하지는 않았지만 문화협정, 항공협정, 전력기술협정 등을 체결해 활발한 교류를 하고 있답니다. 현재 170여 명의 교민이 생활하고 있으며 '한국-이집트 친선협회'가 결성되어 있습니다.

지중해의 지배자, 로마 제국

클레오파트라가 살았던 당시, 로마는 모든 지중해 연안국에게 지대한 영향력을 행사하는 거대한 제국이었습니다. 클레오파트라가 여왕으로 재위했던 기간은 카이사르에서 아우구스투스 옥타비아누스에 이르는, 원로원 중심의 공화정에서 황제가 다스리는 군주정으로 가는 대변혁의 기간이었기에 특히나 혼란스러운 시기였답니다. 더욱이 안토니우스와 로마 최고 권력자의 자리를 두고 접전을 펼친 옥타비아누스는 안토니우스와 클레오파트라의 죽음과도 밀접한 연관이 있답니다.

그러니 이 시기 로마에서는 무슨 일이 있었는지 알아보지 않을 수 없겠지요?

고대 로마는 기원전 753년 로물루스 형제에 의해 건설되었다고 전해집니다. 건국 당시는 왕정이었으나 기원전 6세기 말에 이르러 원로원이 나라의 모든 일을 결정하는 공화정으로 바뀝니다.

기원전 272년 이탈리아 반도를 통일하고 포에니 전쟁(기원전 264~기원전 146)에서 승리한 로마는, 동쪽으로 그리스, 마케도니아, 페르시아를 점령하고 서쪽으로는 유럽을, 남쪽으로는 지중해 건너 북아프리카까지 점령하며 진정한 지중해의 지배자가 됩니다.

그러나 도시가 비대해지고 인구가 늘어남에 따라 전에는 겪지 못했던 위생, 빈부격차, 야만족의 침입 등 많은 문제가 발생하게 됩니다.

이때 등장하는 인물이 바로 그 유명한 "왔노라! 보았노라! 이겼노라!"라는 말을 남긴 율리우스 카이사르(Caesar, Gaius Julius-줄리어스 시저라고도 불립니다.)입니다. 그는 거대한 로마 영토를 효율적으로 다스리려면 공화정을 철폐하고 황제가 원로원을 견제하며 지배하는 군주정을 시행해야 한다고 주장합니다. 물론 그 첫 번째 황제로는 그 자신을 염두에 두었을 것입니다. 하지만 공화정을 굳게 신봉하는 양자인 브루투스와 그 친구들에게 암살당하고 말지요.

이 일을 계기로 로마의 지배권을 두고 안토니우스, 옥타비아누스, 레피두스 세 명이 각축을 벌입니다. 이 과정에서 안토니우스가 옥타비아누스에게 패배해 목숨을 잃게 됩니다. 이때부터 로마는 황제가 다스리는 나라가 되어 중세까지 쭉 이어져 내려옵니다.

로마 제국은 이후 200여 년 동안 굴곡의 세월을 겪다가 4세기 말 테오도시우스 1세(346~395) 이후 제국이 동, 서로 나뉘고 동로마제국의 수도가 비잔티움(지금의 이스탄불)으로 옮겨져 기독교의 중심지가 됩니다.

하지만 서로마제국은 야만족의 끊임없는 침입으로 결국 멸망하게 되고, 동로마제국도 1453년 오스만 제국의 침공을 받아 무너집니다. 이로써 기원전 753년부터 시작되어 장장 2,000년이 훌쩍 넘는 제국의 역사가 끝나게 되지요.

프톨레마이오스 왕조의 시작

마케도니아의 젊은 왕 알렉산드로스 3세(기원전 356~323-페르시아에 이어 인도까지 정복한 그의 업적을 기려 알렉산더 대왕이라고 불립니다.)가 인도에서 죽은 후, 그를 따르던 장군 소테르 프톨레마이오스가 알렉산드로스 3세의 이름을 따 지은 도시 알렉산드리아에서 세운 왕조가 바로 클레오파트라의 가문인 프톨레마이오스 왕조입니다.

마케도니아인인 프톨레마이오스는 이집트 주민들에게 왕조의 신성함을 강조하기 위해 황족은 친족 간의 결혼만을 허용한다는 법을 만듭니다. 그리고 그 스스로도 자신의 누이동생과 결혼합니다. 그 이후 이집트의 모든 황제는 혈육과 결혼해야만 했지요. 클레오파트라 또한 명목상이지만 자신의 남동생과 결혼하여 여왕의 자리에 오르게 됩니다.

애초에 그리스 계열의 왕가였던 프톨레마이오스 왕조는 이집트를 다스리면서도 자신들은 엄연히 그리스의 왕족이라고 믿고 있었답니다. 그래서 클레오파트라 이전의 그 어떤 황제나 왕족도 이집트의 언어를 배울 생각도 하지 않았습니다. 그 대신 궁 안에서는 철저히 로마의 언어였던 라틴어와 그리스어만을 썼다고 하는군요.

하지만 자신이 다스리는 나라에 대해 무심해서였을까요? 이집트의 32번째 왕조인 프톨레마이오스 왕조는 기원전 305~30년, 약 270년이라는 비교적 짧은 통치기간을 끝으로 몰락하고 맙니다.

클레오파트라의 업적

클레오파트라는 서출 출신인 아울레테스 프톨레마이오스 12세(기원전 12~51)의 2남 4녀 중 삼녀로 태어났습니다. 적법한 계승자가 아니었던 아울레테스는 지나칠 정도로 강대국 로마에 의지하여 왕권을 지켜 왔습니다. 그 모습을 보며 자라난 클레오파트라는 여왕이 된 후 이집트를 로마의 간섭으로부터 자유로운 나라로 바로세우기 위해 부단한 노력을 하게 됩니다.

하지만 그녀가 왕위에 오르자마자 카이사르는 아울레테스가 빌려간 거액의 빚을 갚으라고 요구합니다. 그 금액이 얼마나 컸던지 부유하기로 유명한 이집트의 국고가 텅 비어버릴 정도였습니다. 여왕이 되자마자 빈털터리가 된 클레오파트라는 자신이 가진 가장 강한 무기를 가지고 로마의 최고 권력자들과 상대하게 됩니다. 그 무기란 바로 그녀 자신이었지요.

영화나 책에서 수없이 많이 묘사된 대로 클레오파트라는 무척이나 아름답고 매혹적인 여인이었습니다. 하지만 외모보다 더욱더 그녀를 빛나게 한 것은 바로 수많은 책을 통해 습득한 지식이었습니다. 매력적인 목소리를 지녔다고 알려진 클레오파트라는 방대한 독서에서 얻은 마르지 않는 샘과도 같은 지식과 재치 있는 말솜씨로 카이사르를 자신의 편으로 만드는 데 성공합니다. 그리고 그의 뒤를 이어 로마의 최고 권력자가 되는 안토니우스의 마음마저 사로잡아 로마의 그늘에서 이집트를 독립국의 위치로 끌어올리는 데 성공하지요.

또한 클레오파트라는 로마에서 벌어지게 되는 안토니우스와 옥타비아누스의 권력다툼에서 안토니우스에게 도움을 주어 아르메니아, 시리아, 유대 등으로까지 영토를 넓히게 됩니다. 이로서 그녀는 왕조를 연 이래 가장 넓은 영토를 다스리는 여왕이 됩니다.

그리고 남동생인 마구스 프톨레마이오스 13세와 벌인 알렉산드리아 전쟁에서 반이나 불타버린 알렉산드리아 도서관을 복원하는 데 힘씁니다. 하지만 안타깝게도 기독교를 국교로 하는 동로마제국의 대주교 테오필루스가 391년 이교도를 박해하는 법률을 공포하면서 이 도서관에 모아둔 귀한 서적 수십 만 권을 불태우고 도서관 건물은 교회와 수도원으로 쓰기 시작하면서 인류 역사상 가장 웅대하고 거대했을 알렉산드리아 도서관은 그 생명력을 잃게 됩니다. 설상가상 명목만 유지하고 있던 도서관은 642년 이슬람의 칼리프였던 오마르의 명령에 의해 남김없이 불태워집니다.

다행인 점은 최근 유네스코에서 이 도서관을 복원시켰다고 합니다. 물론 옛날 그 모습 그대로는 아니겠지만 알렉산드리아 도서관의 이름은 여전히 남아 있는 셈이지요.

사랑을 향한 죽음의 순간

클레오파트라의 일생 중 가장 유명한 순간은 그녀가 스스로 목숨을 끊는 바로 그 순간이랍니다.

사랑하는 남편 안토니우스가 옥타비아누스와 로마의 패권을 놓고 벌인 악티움 해전에서 패하자 클레오파트라는 상심하여 알렉산더 대왕의 유해를 모셔놓은 왕가의 영묘(靈廟-무덤)에 스스로 들어가 버립니다.

하지만 그 사실을 모르는 안토니우스는 사방으로 클레오파트라를 찾아다니다가 끝내 찾지 못하자 자신의 심장에 칼을 꽂아 자살하고 맙니다. 이 소식을 들은 클레오파트라는 그의 시신을 안고 슬퍼하다가 시녀 이라스와 카르미온을 시켜 옥타비아누스에게 들키지 않도록 무화과 바구니 안에 독사 한 마리를 숨겨오도록 합니다. 그리고 그날 밤, 치명적인 독을 품은 독사의 독니에 자신의 목숨을 내주고 맙니다. 그 소식을 들은 옥타비아누스조차 그들의 진실한 사랑에 숙연해질 수밖에 없었다고 합니다.

이 이야기를 쓰면서 저는 서로가 없으면 한 순간도 살아갈 수 없는 연인의 대명사인 로미오와 줄리엣보다 클레오파트라와 안토니우스의 사랑 이야기에 훨씬 더 가슴이 아팠답니다.

스스로를 빛나게 하는 매혹의 리더십

클레오파트라가 간혹 사람들로부터 나쁜 여자라는 뜻의 '팜므파탈(femme fatale)'로 불리는 것은 그녀에 대한 자료가 모두 로마에서 나왔기 때문입니다. 로마의 입장에서 보면 자신들의 지도자를 한 명도 아닌 두 명씩이나 유혹해 버린 여자가 되는 셈이니까요.

하지만 이집트의 입장에서는 어떨까요?

쓰러져가는 이집트를 자신의 매력 하나만으로 거대 제국 로마로부터 지켜내고 더 나아가 영토를 넓히기까지 한 위대한 여왕이 아니었을까요?

또한 매력의 바탕이 된 힘은 바로 클레오파트라 스스로의 노력이랍니다. 스스로를 지혜와 총명함으로 무장시키기 위해 수십만 권에 달하는 장서를 읽고, 7개 국어나 되는 언어를 유창하게 말할 수 있을 정도의 부단한 노력이야말로 그녀를 최고의 여왕 중 한 명으로 손꼽을 수 있는 이유일 것입니다.

여러분들도 자신만의 장점을 찾아 자신을 더욱더 매력 있는 사람으로 만들어 보세요. 매력이란 꼭 외모만을 뜻하는 게 아니랍니다. 차분하고 침착한 목소리, 조리 있는 말솜씨, 밝고 환한 미소 등 사람들을 감탄하고 반하게 만드는 매력은 여러 가지가 있으니까요.

힘들다고 포기하지 마시고 끊임없이 노력하다 보면 여러분 주위에서 훨씬 재미있는 일들이 생길 거예요.